A1-A2

campus difusión

gente hoy 1
Complemento de español profesional

María Dolores Dorado
Francisco Javier Uclés-Sánchez

Autores
María Dolores Dorado
Francisco Javier Uclés-Sánchez

Revisión pedagógica
Agustín Garmendia, Núria Murillo

Coordinación editorial y redacción
Núria Murillo

Diseño y dirección de arte
Ángel Viola, Juan Asensio, Grafica

Maquetación
Aleix Tormo

Ilustraciones
Alejandro Milà (págs. 10, 15, 16, 17, 30, 42, 96)

Corrección
Sílvia Jofresa

Imágenes
Cubierta RudyBalasko/iStock, Tempura/iStock, Zephyr18/iStock, diegograndi/iStock **Unidad 1** p. 8, Foro de Marcas Renombradas Españolas, sdubrov/Adobe Stock, andresr/Adobe Stock; p. 9 JackF/iStock, jacoblund/Adobe Stock; p. 10 Wikimedia commons, http://amddchile.com; p. 11 rous.biz, desigual.com; p. 12 wikimedia commons, redkoala/iStock; p. 14 Kaspars Grinvalds/Adobe Stock, Kaspars Grinvalds/Adobe Stock, bonetta/iStock, Mikhalec/Adobe Stock, Yana Bardichevska/Dreamstime, Newell's photography/iStock, Gallyna/iStock, didecs/Aobe Stock, didecs/iStock, pinterest; p. 15 shironosov/iStock **Unidad 2** pág. 16 hirukide.com, p. 18 cskaymark/iStock, NADOFOTOS/iStock, Ridofranz/iStock; p. 19 HASLOO/iStock; p. 20 grounder/Adobe Stock; p. 21 Wikimedia commons/World Economic Forum, fcc.es, elmundo.es, picssr.com; p. 22 pixdeluxe/iStock, p 23 tram-tram.com, verema.com, cenarysalir.com, carballeira.com, restaurantes.com **Unidad 3** pág. 24 wikimedia commons, Chris Cole/Getty, Joe Raedle/Getty, Wabeno/Dreamstime; p. 25 Universal History Archive/Getty, The Asahi Shimbun/Getty, Pool/Getty, Rybalov77/Dreamstime, Christopher Furlong/Getty; p. 26 The Asahi Shimbun/Getty; p. 27 fundssociety.com, Luis Sevillano/ElPais, workandlife.com, bbva.com, Wikimedia commons/Luis García; p. 28 Steve Liss/Getty, Scott Gries/Getty, Gustavo Caballero/Getty, vogue.es, Victor VIRGILE/Getty, Gilbert Carrasquillo/Getty; p. 29 beher.com; p. 30 MarioGuti/iStock, Marian Mocanu/Dreamstime; p. 31 jacoblund/iStock, Jamesmcq24/iStock, stuartbur/iStock, elfinima/iStock, AlexLMX/iStock, Firmafotografen/iStock, ozgurkeser/iStock, Nerthuz/iStock, ryasick/iStock, freestylephoto/iStock, alxpin/iStock, Tabor Chichakly/Adobe Stock, LiuNian/iStock **CUADERNO DE EJERCICIOS Unidad 1** p. 32 andresr/iStock, Wikimedia commons, sdubrov/Adobe Stock, skynesher/iStock, AleksandarNakic/iStock, Tempura/iStock; p. 36 Wikimedia commons, Tatiana/Adobe Stock; p. 37 Wikimedia commons, p. 38 golero/iStock, piccaya/Adobe Stock, Kerrick/iStock, tifonimages/iStock, wjarek/Adobe Stock, anneleven/iStock, davibb/iStock **Unidad 2** p. 40, Giordano Aita/Adobe Stock, leremy/Adobe Stock, Woodapple/Adobe Stock, Gajus/Adobe Stock, trapezoid13/Adobe Stock, sanjeri/iStock; p. 41 orensila/iStock; p. 44, MrPlumo/iStock, bubaone/iStock, TukTuk Design/iStock, Patryssia/iStock, South_agency/iStock; p. 47 Cordon/elconfidencial.com, mediagroup.mx **Unidad 3** p. 48 Chris Cole/Getty, Wikimedia commons, Joe Raedle/Getty, Pool/Getty, Rybalov77/Dreamstime, Christopher Furlong/Getty; p. 49 Wikimedia commons/Luis García; p. 50 Tamorlan/wikimedia commons, Bloomberg/Getty, Galinasavina/Dreamstime, Lorenzograph/Dreamstime; p. 53 Wikimedia commons, chicadelatele/Wikimedia commons, Paradores/Wikimedia commons **FICHAS DE TRABAJO CON EL VÍDEO** p. 56, ©Foro de Marcas Renombradas Españolas, Wikipedia; p. 58 ©Hirukide, martialred/Adobe Stock, HN Works/Adobe Stock, Creative S/Adobe Stock, Anthonycz/iStock, beguima/Adobe Stock, appleuzr/iStock; p. 59 ©Hirukide; p. 60 ©SEAT Top Employer/Seat; p. 62 ©SEAT Top Employer/Seat **CULTURA** p. 63 lunamarina/Adobe Stock, JF Gicquel/Adobe Stock; p. 64 dikobrazik/Adobe Stock, THEPALMER/iStock; p. 65 Saiko3p/Dreamstime, Lunamarina/Dreamstime; p. 66 Uros Petrovic/iStock, Anankkml/Dreamstime; p. 67 xxmmxx/iStock, anankkml/Adobe Stock, stocknshares/iStock, Jorge Villalba/iStock; p. 68 Alfonsodetomas/Adobe Stock, JackF/iStock, amoklv/iStock, unrinconencasa.wordpress.com; p. 69 Slaunger/Wikipedia, Chixoy/Wikipedia, Luis Miguel Bugallo Sánchez/Wikipedia, Allie_Caulfield/Wikipedia; p. 71 Kseniya Ragozina/iStock, Martin/Adobe Stock, jkraft5/Adobe Stock, vaclav/Adobe Stock, Rene/Adobe Stock, refresh(PIX)/Adobe Stock; p. 72 Klaus Heidemann/Adobe Stock, Gerardo Borbolla/Adobe Stock, Elvis/Adobe Stock, ferrantraite/iStock, SL_Photography/iStock, valio84sl/iStock; p. 73 helovi/iStock, SimonDannhauer/iStock, mtcurado/iStock, dmitriy_md/Adobe Stock, diegograndi/Adobe Stock, Astrid Garces/Adobe Stock; p. 74 Roland Nagy/Dreamstime, Canaan/wikipedia, onlinetours.es, vale_t/iStock, tifonimages/iStock; p. 75 Alex Zarubin/Dreamstime, Pavel LosevskyPavel Losevsky; p. 76 Arild Vågen/Wikipedia, popularlibros.com; p. 77 Guillermo Kahlo - Sotheby's/Wikipedia, taringa.net, antiquitiesexperts.com, foodandtravel.mx; p. 79 Museo Histórico Nacional/Wikipedia, Iamcharles66/Wikipedia; p. 80 nieuwsreporter.com, twitter.com; p. 81 twitter.com, anónimo/Wikipedia, history-biography.com, porCausa org/Wikipedia, José Cruz/Abr/Wikipedia; p. 83 Ed-Ni-Photo/iStock, arturas kerdokas/AdobeStock, davib/AdobeStock, skabarcat/AdobeStock, Pedro/AdobeStock, Sergio Martínez/AdobeStock, dulsita/AdobeStock, Victority/AdobeStock, _jure/AdobeStock; p. 84 Juan Pedro Peña/Dreamstime, platostradicionales.blogspot.com, Carlanichiata/Dreamstime, Msphotographic/Dreamstime, Gábor Kovács/Dreamstime **PRUEBA DELE A1** p. 86 klublu/AdobeStock, Rostislav Ageev/AdobeStock, josepizarro/AdobeStock, Lulu Berlu/AdobeStock; p. 90 DragonImages/iStock, Kichigin_iStock, milicad_iStock, ronstik_iStock, andresr_iStock, scyther5_iStock, fotostorm_iStock, skynesher_iStock, Pavel1964_iStock, Jacob Ammentorp Lund_iStock, AHMET YARALI_iStock, Morsa Images_iStock, ersinkisacik_iStock, Tarzhanova_iStock, Janine Lamontagne_iStock, timhughes_iStock, venakr_iStock, Artem Perevozchikov_iStock, Nikola Spasenoski _Adobe Stock, AHMET YARALI_iStock; p. 91 MarioGuti_iStock, jacoblund_iStock, nd3000_iStock, MarioGuti_iStock, South_agency_iStock, PeopleImages_iStock, Squaredpixels_iStock, MarioGuti_iStock, pixelfit_iStock; p. 93 koya79_iStock; p. 94 swissmediavision_iStock; p. 96 onairjiw_iStock, popovaphoto_iStock, timhughes_iStock, ersinkisacik_iStock, DonNichols_iStock, Art-Y_iStock, Jesussanz_iStock

Vídeos
Unidad 1 ©Foro de Marcas Renombradas Españolas; **Unidad 2** ©Hirukide; **Unidad 3** ©SEAT Top Employer/Seat

Agradecimientos
Desde aquí queremos agradecer sinceramente las sugerencias del profesorado de la Fachhochschule des bfi Wien y de la Fachhochschule Kapfenberg.

Jacobo Barreiro Santa Cruz, Tamara Blum, Marina Lidia Checa Gómez, Pedro Fernández Fanjul, Helena Gorelova, Luis Hurtado Barrachina, M.ª del Pilar Maldonado Paz, Calíope Dafne Márquez Sánchez, Isabel Moro López, Débora Roberta Sánchez Guajardo, Beatriz Uclés Córdoba, Inmaculada Uclés Córdoba, Javier Uclés Córdoba, Miguel Uclés Córdoba, Victoria Uclés Córdoba

© Los autores y Difusión, S.L. Barcelona 2018

Queda prohibida cualquier forma de reproducción, distribución, comunicación pública y transformación de esta obra sin contar con la autorización de los titulares de la propiedad intelectual. La infracción de los derechos mencionados puede ser constitutiva de delito contra la propiedad intelectual (arts. 270 y ss. Código Penal).

ISBN: 978-84-17260-42-2
Reimpresión: noviembre 2019
Impreso en España por Liberdigital

gente hoy
Complemento de español profesional

PRESENTACIÓN DEL COMPLEMENTO DE ESPAÑOL PROFESIONAL DE GENTE HOY 1

Este **Complemento de español profesional de Gente hoy 1** está dirigido a jóvenes y adultos que trabajan o van a trabajar en un contexto en el que es necesario comunicarse en español. Estos alumnos pueden ejercer su actividad profesional en campos como la economía, el comercio, la ingeniería o el turismo, y pueden estar cursando sus estudios de español en universidades, escuelas de negocios, centros de formación profesional u otro tipo de institución.

Este cuaderno ha sido concebido como complemento al manual Gente hoy 1, pero se puede usar con otros materiales o incluso de manera autónoma.

Si el manual utilizado es Gente hoy 1, se sugiere trabajar la unidad 1 de este complemento después de cubrir las unidades 1 a 4 de Gente hoy 1; la 2 después de realizar las unidades 5 a 8; y la 3 después de trabajar las unidades 9 a 12.

Gente hoy 1	Complemento de español profesional
U1 Gente que estudia español U2 Gente con gente U3 Gente de vacaciones U4 Gente de compras	U1 Gente en el trabajo
U5 Gente en forma U6 Gente que come bien U7 Gente que trabaja U8 Gente que viaja	U2 Gente en su día a día
U9 Gente de ciudad U10 Gente y fechas U11 Gente en casa U12 Gente e historias	U3 Gente y trayectorias

Además de estas tres unidades, el Complemento de español profesional consta de un anexo de Cultura y de un examen DELE A1.

¿Por qué un anexo de Cultura? Desde nuestra perspectiva, desenvolverse con éxito en el mundo profesional va más allá de conocer algunos contenidos lingüísticos específicos. Implica también tener un bagaje de conocimientos geográficos, económicos, históricos, etc., así como estar familiarizado con las costumbres de aquellos países con los que se va a tener contacto.

También hemos creído oportuno incluir una prueba de DELE 1, ya que los Diplomas de Español como Lengua Extranjera son títulos oficiales de reconocido prestigio que facilitan la promoción laboral y el acceso a la educación en España y Latinoamérica.

cómo funciona
gente hoy
Complemento de español profesional

> Estos iconos te informan sobre el tipo de trabajo que te propone la actividad: hablar con los/las compañeros/as, escuchar una grabación, tomar notas, elaborar una producción escrita o buscar en internet.

ENTRAR EN MATERIA

Estas páginas ofrecen un primer contacto con los temas y con el vocabulario de la unidad. Te anunciaremos cuál es la meta que nos hemos marcado para esta unidad y qué cosas vamos a aprender.

Normalmente se proponen pequeñas actividades de comprensión.

Se presentan los objetivos y los contenidos gramaticales de la unidad.

Aquí se anuncia el vídeo disponible para la unidad.

Cómo trabajar con estas páginas

- La imagen te va a ayudar mucho a comprender los textos o el vocabulario.
- Tus conocimientos generales, de otras lenguas o, simplemente, del mundo también te van a ser útiles. Aprovéchalos.
- Cuando en las actividades tengas que hablar o escribir, podrás hacerlo con los recursos lingüísticos ya aprendidos en secciones anteriores.

EN CONTEXTO

Estas páginas presentan documentos con imágenes, textos escritos y textos orales similares a los que vas a encontrar en las situaciones reales. Sirven para ponerte en contacto con los contenidos de la unidad y para desarrollar tu capacidad de comprender.

Hay textos muy variados: conversaciones, anuncios, artículos de prensa, etc.

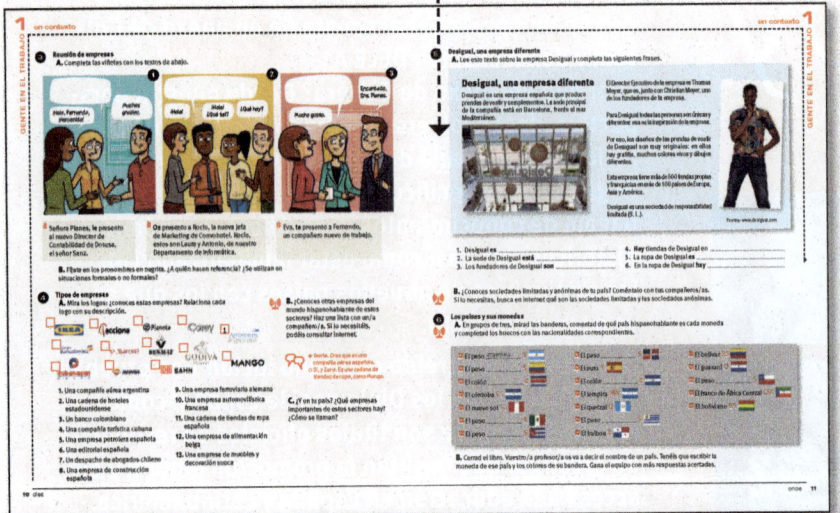

Cómo trabajar con estas páginas

- Desde el principio, vas a leer y a escuchar ejemplos auténticos del español de todos los días. No te preocupes si no lo entiendes absolutamente todo. No es necesario para realizar las actividades.
- Encontrarás nuevas estructuras y nuevos contenidos. Tranquilo, en las siguientes secciones vamos a profundizar en su uso.

INTRODUCCIÓN

4 cuatro

FORMAS Y RECURSOS

En las actividades de estas páginas vamos a fijar la atención en algunos aspectos gramaticales, pensando siempre en cómo se usan y para qué sirven en la comunicación.

Todos los recursos lingüísticos que se practican los encontrarás agrupados en una columna central. Esta "chuleta" te ayudará a realizar las actividades y podrás consultarla siempre que lo necesites.

Cómo trabajar con estas páginas

▶ Muchas veces tendrás que trabajar con un/a compañero/a o con varios, y así practicarás de una forma interactiva.

▶ En otras ocasiones te proponemos actividades en las que deberás explorar la lengua, así como fijarte en sus estructuras y en sus mecanismos, para comprender mejor alguna regla determinada.

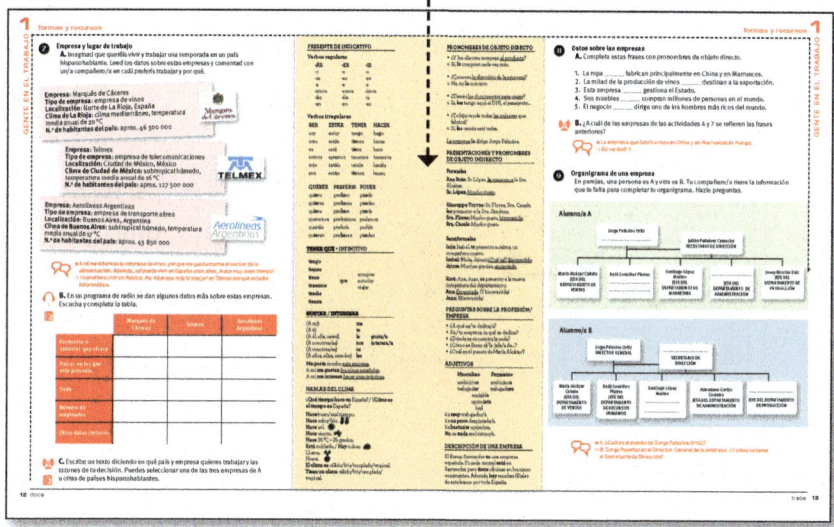

TAREAS

Aquí encontrarás tareas para realizar en cooperación, en pequeños grupos o con toda la clase. Son actividades que nos permitirán vivir en el aula situaciones de comunicación similares a las de la vida real.

Cómo trabajar con estas páginas

▶ Lo más importante es la fluidez y la eficacia comunicativa.

▶ En algunas ocasiones, pregunta al / a la profesor/a lo que necesites saber, o bien búscalo en el libro o en el diccionario, y discute con tus compañeros/as todo lo que consideres necesario para mejorar "el producto".

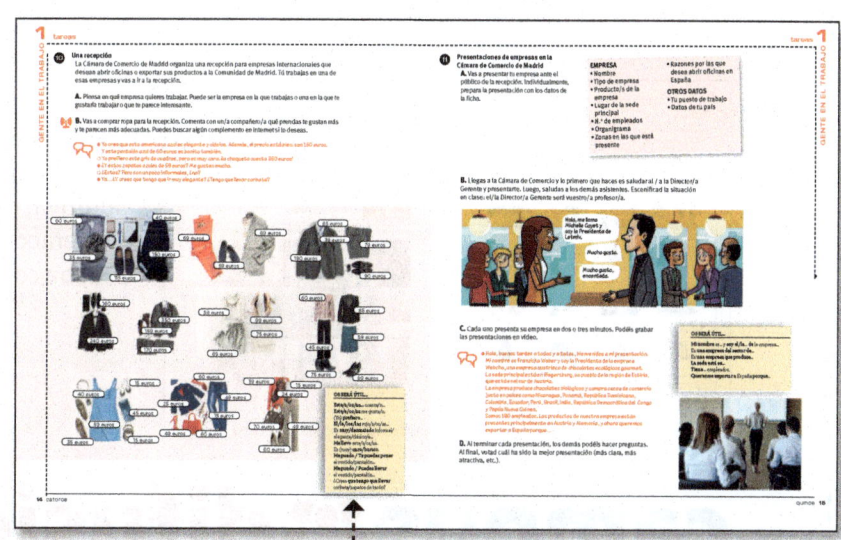

En muchas ocasiones, la doble página aporta recursos prácticos para la presentación del resultado de la tarea o para su preparación en grupos. Estos recursos se recogen en el apartado "Os será útil".

INTRODUCCIÓN

cinco **5**

CUADERNO DE EJERCICIOS
Actividades para consolidar los conocimientos y las destrezas lingüísticas que se han desarrollado en las tres unidades. La mayoría de ellas están pensadas para realizarse individualmente.

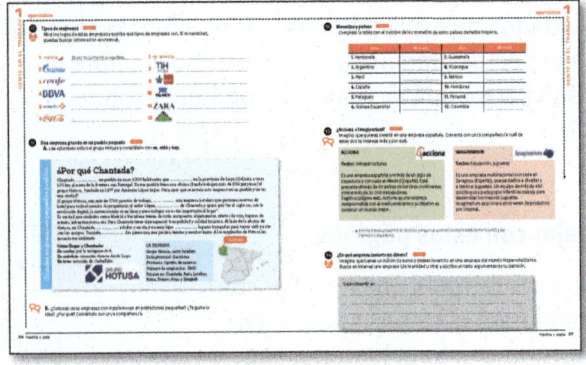

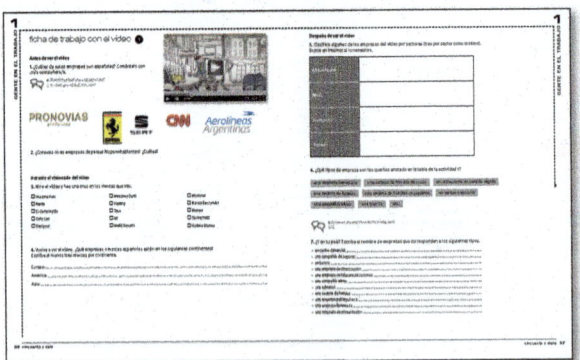

FICHAS DE TRABAJO CON LOS VÍDEOS
Una doble página de actividades para trabajar el vídeo de cada unidad.

ANEXO DE CULTURA
En estas páginas encontrarás información y propuestas de actividades para reflexionar sobre distintos aspectos relacionados con la cultura de los países hispanos: la lengua, la geografía, la historia, algunas figuras destacadas... Algunos textos te pueden parecer complejos, pero solo tienes que entenderlos.

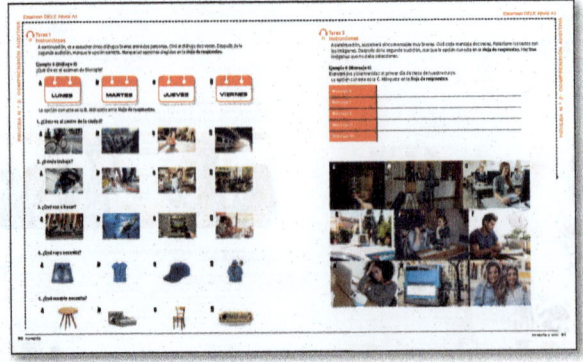

PRUEBA DEL DELE A1
En estas páginas vas a encontrar un ejemplar de DELE A1 con las pruebas de comprensión de lectura, comprensión auditiva, expresión e interacción escritas y expresión e interacción orales. Verás el tiempo que dura tanto la prueba completa como cada una de sus tareas.

campus difusión

Vídeos **Transcripciones**
Audios **Soluciones**
Glosarios

6 seis

ÍNDICE

1 gente en el trabajo
p. 8

→ Después de cubrir las unidades 1, 2, 3 y 4 de Gente hoy 1

Tarea: Presentar una empresa en un evento empresarial.

Comunicación	Gramática	Léxico
Saludar, presentarse y despedirse. Describir el carácter de las personas de una empresa. Hablar sobre las profesiones y los puestos de trabajo. Describir empresas (sectores, organigrama…). Expresar preferencias relacionadas con el trabajo. Hablar de las monedas de los países hispanohablantes. Hablar del clima de un lugar. Hablar sobre la ropa más adecuada para asistir a un evento empresarial.	El presente de indicativo (I). Los sustantivos de profesiones y de puestos de trabajo. El género de los adjetivos. Usos de **ser**, **estar** y **haber**. Los verbos **gustar** e **interesar**. Los pronombres de OD y OI.	Saludos, presentaciones y despedidas. Adjetivos para describir el carácter de las personas. Profesiones y puestos de trabajo. Sectores y tipos de empresas. Monedas de los países hispanohablantes. El tiempo meteorológico. Las prendas de vestir.

2 gente en su día a día
p. 16

→ Después de cubrir las unidades 5, 6, 7 y 8 de Gente hoy 1

Tarea: Elegir un restaurante para la cena o comida de Navidad de una empresa.

Comunicación	Gramática	Léxico
Hablar de la rutina diaria y de los horarios. Hablar de diferentes puestos de trabajo y de sus funciones. Valorar las cualidades necesarias para diferentes puestos de trabajo. Hablar de la agenda laboral y de gestiones relacionadas con el trabajo. Realizar llamadas telefónicas para concertar citas de trabajo. Hablar de experiencias laborales y del futuro profesional. Acordar el restaurante y el menú de un evento de empresa.	El presente de indicativo (II). Los verbos reflexivos. Expresiones de frecuencia: **siempre, a veces, nunca**, etc. El pretérito perfecto. Uso de **ya** y **todavía no**. **Estar** + gerundio. **Ir a** + infinitivo. **Acabar de** + infinitivo. Algunos usos de las preposiciones **de, a** y **por**.	Actividades de la rutina diaria. La hora y las partes del día. Puestos y funciones en una empresa. Cualidades profesionales. Actividades de la agenda de trabajo. Llamadas telefónicas. Trayectoria académica y laboral. Servicios y menús de restaurantes.

3 gente y trayectorias
p. 24

→ Después de cubrir las unidades 9, 10, 11 y 12 de Gente hoy 1

Tarea: Buscar oficinas en España para una empresa.

Comunicación	Gramática	Léxico
Referirnos a datos históricos y biográficos. Situar los acontecimientos en el tiempo y hablar de las circunstancias en que se produjeron. Describir hechos pasados habituales. Describir espacios y ubicar objetos de una empresa. Hablar de los diferentes departamentos de una empresa. Comparar. Expresar opiniones y deseos. Hacer una presentación de una empresa.	Marcadores temporales del pasado. Forma y usos del pretérito indefinido. Forma y usos del pretérito imperfecto. Contraste entre los tiempos del pasado (pretérito perfecto, pretérito indefinido y pretérito imperfecto). Oraciones de relativo **con que, en el/la/los/las que** y **donde**. El comparativo. **Me/Te/Le… gustaría** + infinitivo. **Me/Te/Le… parece/n…**	Acontecimientos históricos. Biografías de empresarios/as. Historias de empresas. Tipos de locales y oficinas de empresas. El mobiliario de una oficina. Departamentos de una empresa.

CUADERNO DE EJERCICIOS	p. 32
FICHAS DE TRABAJO CON EL VÍDEO	p. 56
CULTURA	p. 62
DELE A1	p. 85

1

Vamos a presentar nuestra empresa en un evento.

Para ello, aprenderemos:

- a saludarnos, despedirnos, presentarnos y presentar a otras personas en el ámbito profesional,
- a hablar sobre las profesiones y los puestos de trabajo,
- a hablar sobre el carácter de los trabajadores de una empresa,
- a hablar de diferentes tipos de empresa y a describir una empresa,
- a expresar preferencias relacionadas con el trabajo,
- a hablar de las monedas de los países hispanohablantes,
- a hablar sobre la ropa más adecuada para asistir a un evento empresarial,
- a hablar sobre el tiempo metereológico,
- el presente de indicativo de los verbos regulares y de algunos verbos irregulares,
- adjetivos para describir el carácter de las personas,
- los verbos **gustar** e **interesar**,
- los pronombres de OD y OI.

Mario Ocampo
Comercial
Departamento de Ventas
C/ Bari, 10, 26009, Logroño
Tfno.: 941474139
mocampo@lanoja.com

Vinos La Noja

Corina Martínez
Contable
Departamento de Administración
C/ Bari, 10, 26009, Logroño
Tfno.: 941474135
cmartinez@lanoja.com

Vinos La Noja

gente en
el trabajo

GENTE EN EL TRABAJO

entrar en materia **1**

1 **Puestos y caracteres de algunos/as compañeros/as de trabajo**

A. Mira las fotos de estas cuatro personas y relaciónalas con sus tarjetas de visita.

B. ¿Cómo tienen que ser estas personas en sus cargos? Coméntalo con un/a compañero/a.

ambicioso/a   creativo/a   inteligente   abierto/a
simpático/a   sociable   riguroso/a   optimista
trabajador/a competente   perfeccionista   …
serio/a   agradable   hablador/a

● Una persona que hace campañas de publicidad tiene que ser creativa, ¿no?
○ Sí, y también perfeccionista, porque…

C. Ahora escucha a dos personas que hablan sobre los cuatro empleados de las imágenes. ¿Cómo son? Completa las frases.

1. Lucía Rodríguez es _____
2. Mario Ocampo es _____
3. Pablo Campos es _____
4. Corina Martínez es _____

2 **En un encuentro de empresas**

A. Lucía Rodríguez asiste a un encuentro organizado por Marca España. Escucha las conversaciones que tiene con tres personas que no conoce y anota, en la tabla, si les trata de **tú** o de **usted**. ¿Por qué crees que es así?

	¿Con quién habla?	¿Tú o usted?	Saludos	Despedidas
1	Habla con Marta Ibarra, 65 años			
2	Habla con Sonia Gutiérrez, 58 años			
3	Habla con Pedro González, 35 años			

Lucía Rodríguez
Responsable de campañas de publicidad
Departamento de Marketing
C/ Bari, 10, 26009, Logroño
Tfno.: 941474142
lrodriguez@lanoja.com

Vinos La Noja

Pablo Campos
Director del Departamento de Producción
C/ Bari, 10, 26009, Logroño
Tfno.: 941474136
pcampos@lanoja.com

Vinos La Noja

B. Vuelve a escuchar y completa el resto de la tabla con los saludos y las despedidas que oyes.

MARCA ESPAÑA

Marca España (www.marcaespana.es) es una iniciativa del Gobierno español para dar a conocer la economía, la ciencia, la cultura, la sociedad y la tecnología de España.

¿TÚ O USTED?

Normalmente, se usa **tú** con la familia, los amigos y los compañeros. En España, también se usa frecuentemente con profesores y superiores conocidos.
Se usa **usted** con personas desconocidas, personas mayores o, en el ámbito profesional, con personas no muy conocidas y con una jerarquía superior. En el español de América, se usa la forma **usted** mucho más que en España en contextos profesionales.

nueve **9**

GENTE EN EL TRABAJO

en contexto

3. Reunión de empresas

A. Completa las viñetas con los textos de abajo.

A Señora Planes, **le** presento al nuevo Director de Contabilidad de Dotusa, el señor Sanz.

B **Os** presento a Rocío, la nueva jefa de Marketing de Convohotel. Rocío, estos son Laura y Antonio, de nuestro Departamento de Informática.

C Eva, **te** presento a Fernando, un compañero nuevo de trabajo.

B. Fíjate en los pronombres en negrita. ¿A quién hacen referencia? ¿Se utilizan en situaciones formales o no formales?

4. Tipos de empresas

A. Mira los logos: ¿conoces estas empresas? Relaciona cada logo con su descripción.

         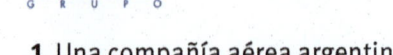

1. Una compañía aérea argentina
2. Una cadena de hoteles estadounidense
3. Un banco colombiano
4. Una compañía turística cubana
5. Una empresa petrolera española
6. Una editorial española
7. Un despacho de abogados chileno
8. Una empresa de construcción española
9. Una empresa ferroviaria alemana
10. Una empresa automovilística francesa
11. Una cadena de tiendas de ropa española
12. Una empresa de alimentación belga
13. Una empresa de muebles y decoración sueca

B. ¿Conoces otras empresas del mundo hispanohablante de estos sectores? Haz una lista con un/a compañero/a. Si lo necesitáis, podéis consultar internet.

● Iberia. Creo que es una compañía aérea española.
○ Sí, y Zara. Es una cadena de tiendas de ropa, como Mango.

C. ¿Y en tu país? ¿Qué empresas importantes de estos sectores hay? ¿Cómo se llaman?

en contexto 1

GENTE EN EL TRABAJO

5 **Desigual, una empresa diferente**
A. Lee este texto sobre la empresa Desigual y completa las siguientes frases.

Desigual, una empresa diferente

Desigual es una empresa española que produce prendas de vestir y complementos. La sede principal de la compañía está en Barcelona, frente al mar Mediterráneo.

El Director Ejecutivo de la empresa es Thomas Meyer, que es, junto con Christian Meyer, uno de los fundadores de la empresa.

Para Desigual todas las personas son únicas y diferentes: esa es la inspiración de la empresa.

Por eso, los diseños de las prendas de vestir de Desigual son muy originales: en ellos hay grafitis, muchos colores vivos y dibujos diferentes.

Esta empresa tiene más de 500 tiendas propias y franquicias en más de 100 países de Europa, Asia y América.

Desigual es una sociedad de responsabilidad limitada (S. L.).

Fuente: www.desigual.com

1. Desigual **es** _____
2. La sede de Desigual **está** _____
3. Los fundadores de Desigual **son** _____
4. **Hay** tiendas de Desigual en _____
5. La ropa de Desigual **es** _____
6. En la ropa de Desigual **hay** _____

B. ¿Conoces sociedades limitadas y anónimas de tu país? Coméntalo con tus compañeros/as. Si lo necesitas, busca en internet qué son las sociedades limitadas y las sociedades anónimas.

6 **Los países y sus monedas**
A. En grupos de tres, mirad las banderas, comentad de qué país hispanohablante es cada moneda y completad los huecos con las nacionalidades correspondientes.

- El peso *argentino* $ 🇦🇷
- El peso _____ $ 🇨🇴
- El colón _____ ₡ 🇨🇷
- El córdoba C$ 🇳🇮
- El nuevo sol S/ 🇵🇪
- El peso _____ $ 🇲🇽
- El peso _____ $ 🇨🇺
- El peso _____ $ 🇩🇴
- El euro € 🇪🇸
- El colón _____ ₡ 🇸🇻
- El lempira HNL 🇭🇳
- El quetzal Q 🇬🇹
- El peso _____ $ 🇺🇾
- El balboa B 🇵🇦
- El bolívar BS 🇻🇪
- El guaraní G 🇵🇾
- El peso _____ $ 🇨🇱
- El franco de África Central CFA 🇬🇶
- El boliviano BS 🇧🇴

B. Cerrad el libro. Vuestro/a profesor/a os va a decir el nombre de un país. Tenéis que escribir la moneda de ese país y los colores de su bandera. Gana el equipo con más respuestas acertadas.

1 formas y recursos

GENTE EN EL TRABAJO

7 Empresa y lugar de trabajo

A. Imaginad que queréis vivir y trabajar una temporada en un país hispanohablante. Leed los datos sobre estas empresas y comentad con un/a compañero/a en cuál preferís trabajar y por qué.

Empresa: Marqués de Cáceres
Tipo de empresa: empresa de vinos
Localización: Norte de La Rioja, España
Clima de La Rioja: clima mediterráneo, temperatura media anual de 20 °C
N.º de habitantes del país: aprox. 46 500 000

Empresa: Telmex
Tipo de empresa: empresa de telecomunicaciones
Localización: Ciudad de México, México
Clima de Ciudad de México: subtropical húmedo, temperatura media anual de 16 °C
N.º de habitantes del país: aprox. 127 500 000

Empresa: Aerolíneas Argentinas
Tipo de empresa: empresa de transporte aéreo
Localización: Buenos Aires, Argentina
Clima de Buenos Aires: subtropical húmedo, temperatura media anual de 17 °C
N.º de habitantes del país: aprox. 43 850 000

• A mí me interesa la empresa de vinos, porque me gusta mucho el sector de la alimentación. Además, así puedo vivir en España unos años, ¡hace muy buen tiempo!
○ Yo prefiero vivir en México. Me interesa más trabajar en Telmex porque estudio Informática.

B. En un programa de radio se dan algunos datos más sobre estas empresas. Escucha y completa la tabla.

	Marqués de Cáceres	Telmex	Aerolíneas Argentinas
Productos o servicios que ofrece			
Países en los que está presente			
Sede			
Número de empleados			
Otros datos curiosos			

C. Escribe un texto diciendo en qué país y empresa quieres trabajar y las razones de tu decisión. Puedes seleccionar una de las tres empresas de A u otras de países hispanohablantes.

PRESENTE DE INDICATIVO

Verbos regulares

-AR	-ER	-IR
-o	-o	-o
-as	-es	-es
-a	-e	-e
-amos	-emos	-imos
-áis	-éis	-ís
-an	-en	-en

Verbos irregulares

SER	ESTAR	TENER	HACER
soy	estoy	tengo	hago
eres	estás	tienes	haces
es	está	tiene	hace
somos	estamos	tenemos	hacemos
sois	estáis	tenéis	hacéis
son	están	tienen	hacen

QUERER	PREFERIR	PODER
quiero	prefiero	puedo
quieres	prefieres	puedes
quiere	prefiere	puede
queremos	preferimos	podemos
queréis	preferís	podéis
quieren	prefieren	pueden

TENER QUE + INFINITIVO

tengo
tienes
tiene   que   comprar
tenemos   estudiar
tenéis   viajar
tienen

GUSTAR / INTERESAR

(A mí)   me
(A ti)   te
(A él, ella, usted)   le   gusta/n
(A nosotros/as)   nos   interesa/n
(A vosotros/as)   os
(A ellos, ellas, ustedes)   les

Me gusta mucho esta empresa.
A mí **me gustan** los vinos españoles.
A mí **me interesa** hacer unas prácticas.

HABLAR DEL CLIMA

¿Qué tiempo hace en España? / **¿Cómo es el tiempo en** España?

Hace buen/mal tiempo.
Hace calor/frío.
Hace sol.
Hace viento.
Hace 35 °C = 35 grados.
Está nublado. / **Hay** nubes.
Llueve.
Nieva.
El clima es cálido/frío/templado/tropical.
Tiene un clima cálido/frío/templado/tropical.

12 doce

formas y recursos 1

GENTE EN EL TRABAJO

PRONOMBRES DE OBJETO DIRECTO

• ¿Y los clientes compran el producto?
o Sí, **lo** compran cada vez más.

• ¿Conoces la dirección de la empresa?
o No, no **la** conozco.

• ¿Tienes los documentos para viajar?
o Sí, **los** tengo aquí: el DNI, el pasaporte...

• ¿Tu hija vende todas las pulseras que fabrica?
o Sí, **las** vende casi todas.

La empresa **la** dirige Jorge Palacios.

PRESENTACIONES Y PRONOMBRES DE OBJETO INDIRECTO

Formales

Ana Ruiz: Sr. López, **le** presento a la Sra. Alcázar.
Sr. López: Mucho gusto.

Giuseppe Torres: Sr. Flores, Sra. Casals, **les** presento a la Sra. Jiménez.
Sra. Flores: Mucho gusto, bienvenida.
Sra. Casals: Mucho gusto.

Semiformales

Luis: Isabel, **te** presento a Jaime, un compañero nuevo.
Isabel: ¡Hola, Jaime! ¿Qué tal? Bienvenido.
Jaime: Muchas gracias, encantado.

Xavi: Ana, Juan, **os** presento a la nueva compañera del departamento.
Ana: Encantada. ¡Y bienvenida!
Juan: ¡Bienvenida!

PREGUNTAS SOBRE LA PROFESIÓN/EMPRESA

• ¿A qué se/te dedica/s?
• Su /tu empresa, ¿a qué se dedica?
• ¿Dónde se encuentra la sede?
• ¿Cómo se llama el/la jefe/a de...?
• ¿Cuál es el puesto de María Alcázar?

ADJETIVOS

Masculino	Femenino
ambicios**o**	ambicios**a**
trabajad**or**	trabajad**ora**
sociab**le**	
optim**ista**	
lea**l**	

Es **muy** trabajador/a.
Es **un poco** despistado/a.
Es **bastante** optimista.
No es **nada** ambicioso/a.

DESCRIPCIÓN DE UNA EMPRESA

El Banco Santander **es** una empresa española. Su sede central **está** en Santander, pero **tiene** oficinas en los cinco continentes. Además, **hay** muchas filiales de este banco por toda España.

 Datos sobre las empresas

A. Completa estas frases con pronombres de objeto directo.

1. La ropa .... fabrican principalmente en China y en Marruecos.
2. La mitad de la producción de vinos .... destinan a la exportación.
3. Esta empresa .... gestiona el Estado.
4. Sus muebles .... compran millones de personas en el mundo.
5. El negocio .... dirige uno de los hombres más ricos del mundo.

 B. ¿A cuál de las empresas de las actividades 4 y 7 se refieren las frases anteriores?

● La empresa que fabrica ropa en China y en Marruecos es Mango.
o ¡Es verdad! Y...

 Organigrama de una empresa

En parejas, una persona es A y otra es B. Tu compañero/a tiene la información que te falta para completar tu organigrama. Hazle preguntas.

Alumno/a A

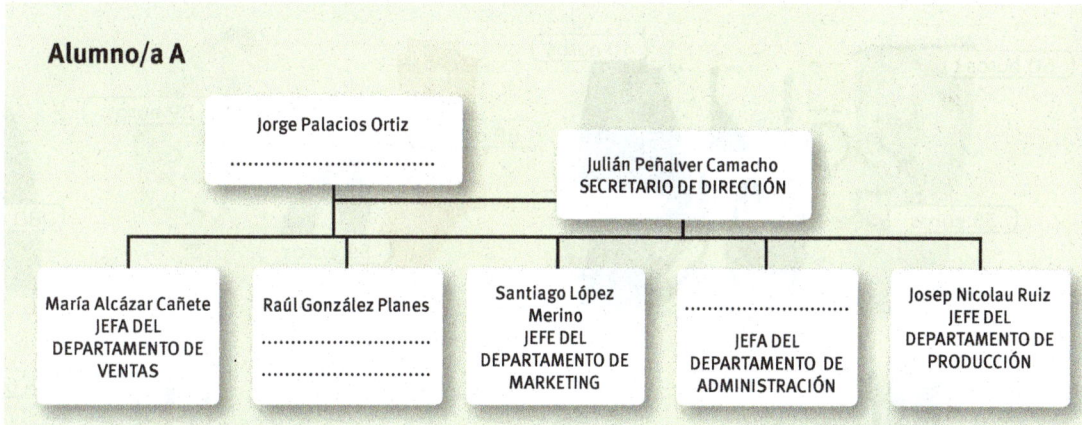

Alumno/a B

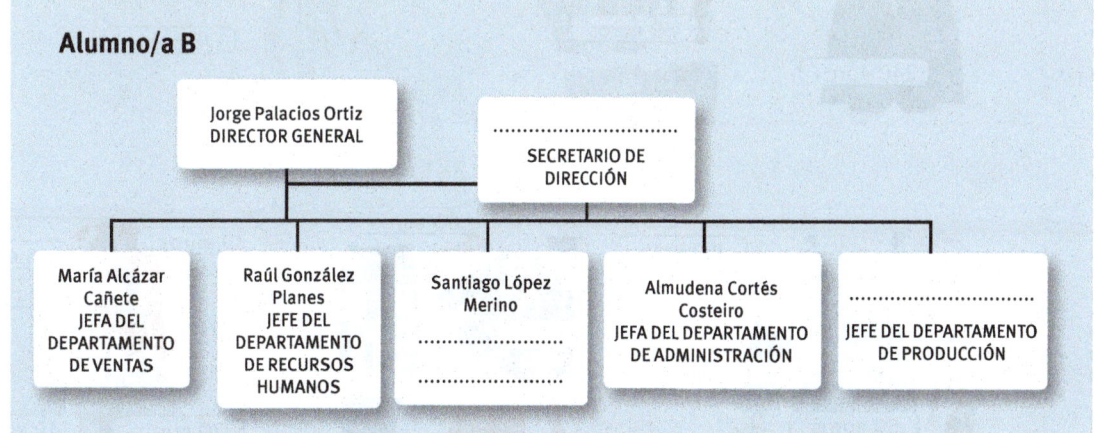

● A: ¿Cuál es el puesto de Jorge Palacios Ortiz?
o B: Jorge Palacios es el Director General de la empresa. ¿Y cómo se llama el Secretario de Dirección?

trece **13**

1 tareas

GENTE EN EL TRABAJO

 Una recepción

La Cámara de Comercio de Madrid organiza una recepción para empresas internacionales que desean abrir oficinas o exportar sus productos a la Comunidad de Madrid. Tú trabajas en una de esas empresas y vas a ir a la recepción.

A. Piensa en qué empresa quieres trabajar. Puede ser la empresa en la que trabajas o una en la que te gustaría trabajar o que te parece interesante.

 B. Vas a comprar ropa para la recepción. Comenta con un/a compañero/a qué prendas te gustan más y te parecen más adecuadas. Puedes buscar algún complemento en internet si lo deseas.

- Yo creo que esta americana azul es elegante y clásica. Además, el precio está bien: son 150 euros. Y este pantalón azul de 60 euros es bonito también.
○ Yo prefiero este gris de cuadros, pero es muy caro: ¡la chaqueta cuesta 350 euros!
- ¿Y estos zapatos azules de 59 euros? Me gustan mucho.
○ ¿Estos? Pero son un poco informales, ¿no?
- Ya... ¿Y crees que tengo que ir muy elegante? ¿Tengo que llevar corbata?

OS SERÁ ÚTIL...

Este/a/os/as... cuesta/n...
Este/a/os/as me gusta/n.
(Yo) prefiero...
El/la/los/las rojo/a/os/as...
Es **muy/demasiado** informal/elegante/clásico/a...
Me llevo este/a/os/as.
Es (muy) **caro/barato**.
Me puedo / Te puedes poner el vestido/pantalón...
Me puedo / Puedes llevar el vestido/pantalón...
¿**Crees que tengo que llevar** corbata/zapatos de tacón?

14 catorce

tareas **1**

GENTE EN EL TRABAJO

1 **Presentaciones de empresas en la Cámara de Comercio de Madrid**

A. Vas a presentar tu empresa ante el público de la recepción. Individualmente, prepara la presentación con los datos de la ficha.

EMPRESA
- Nombre
- Tipo de empresa
- Producto/s de la empresa
- Lugar de la sede principal
- N.º de empleados
- Organigrama
- Zonas en las que está presente
- Razones por las que desea abrir oficinas en España

OTROS DATOS
- Tu puesto de trabajo
- Datos de tu país

B. Llegas a la Cámara de Comercio y lo primero que haces es saludar al / a la Director/a Gerente y presentarte. Luego, saludas a los demás asistentes. Escenificad la situación en clase: el/la Director/a Gerente será vuestro/a profesor/a.

C. Cada uno presenta su empresa en dos o tres minutos. Podéis grabar las presentaciones en vídeo.

- Hola, buenas tardes a todos y a todas, bienvenidos a mi presentación. Mi nombre es Franziska Weber y soy la Presidenta de la empresa Webcho, una empresa austríaca de chocolates ecológicos gourmet. La sede principal está en Riegersburg, un pueblo de la región de Estiria, que está en el sur de Austria.
  La empresa produce chocolates biológicos y compra cacao de comercio justo en países como Nicaragua, Panamá, República Dominicana, Colombia, Ecuador, Perú, Brasil, India, República Democrática del Congo y Papúa Nueva Guinea.
  Somos 180 empleados. Los productos de nuestra empresa están presentes principalmente en Austria y Alemania, y ahora queremos exportar a España porque...

OS SERÁ ÚTIL...

Mi nombre es... y **soy el/la...** de la empresa...
Es **una empresa del sector de**...
Es **una empresa que produce**...
La sede está en...
Tiene... empleados.
Queremos exportar a España **porque**...

D. Al terminar cada presentación, los demás podéis hacer preguntas. Al final, votad cuál ha sido la mejor presentación (más clara, más atractiva, etc.).

quince **15**

2

Vamos a elegir un restaurante para la comida o cena de Navidad de la empresa.

Para ello, aprenderemos:

- a hablar de la rutina diaria y de los horarios,
- a hablar de nuestra agenda y de gestiones,
- a hablar de experiencias laborales y del futuro profesional,
- a realizar llamadas telefónicas y a concertar citas laborales,
- a hablar de diferentes puestos de trabajo y de sus funciones,
- a valorar las cualidades necesarias para distintos puestos de trabajo,
- el presente de indicativo (verbos regulares e irregulares más frecuentes),
- el pretérito perfecto y la formación del participio,
- algunos marcadores de pretérito perfecto,
- **ir a** + infinitivo,
- **acabar de** + infinitivo,
- algunos usos de **estar** + gerundio.

gente en
su día a día

entrar en materia 2

GENTE EN SU DÍA A DÍA

1 La rutina diaria de un ejecutivo

A. Mira las imágenes y relaciónalas con las actividades diarias de Pedro Gutiérrez. ¡Ojo! No todas las actividades tienen imagen. Después, coméntalo con un/a compañero/a.

- ☐ Se levanta (7 h).
- ☐ Se ducha (7:10 h).
- ☐ Se viste (7:20 h).
- ☐ Toma un café en casa (7:35 h).
- ☐ Sale de casa (8 h).
- ☒ Deja a los niños en el colegio (8:15 h).
- ☐ Llega al trabajo (8:30 h).
- ☐ Lee el correo electrónico y hace llamadas (8:45 h – 10 h).
- ☐ Desayuna con compañeros (11 h).
- ☐ Tiene una reunión (11:30 h – 14 h).
- ☐ Come (14 h – 15 h).
- ☐ Trabaja (15 h – 18:30 h).
- ☐ Sale del trabajo (18:30 h).
- ☐ Va al gimnasio (19 h – 20 h).
- ☐ Baña a los niños (20:30 h).
- ☐ Cena (21 h).
- ☐ Ve la tele o lee (22 h – 24 h).
- ☐ Se acuesta (24 h).

● En la imagen 1, deja a los niños en el colegio.
○ Sí, y en la 2...

B. Fíjate en cuándo hace Pedro Gutiérrez las actividades de las imágenes. Compáralo con tus costumbres o las de tu país.

`por la mañana` `por la tarde` `antes`
`a media mañana` `a media tarde` `más tarde / después`
`a/al mediodía` `por la noche`

● Pedro va al gimnasio por la tarde, de 19 a 20 h; yo voy por la mañana.

2 Rutina diaria de María

A. María, la mujer de Pedro, es profesora. Escucha la entrevista que le hace un periodista y escribe qué hace a estas horas.

6:45 h	7:15 h	8:00 h	17:30 h	21:00 h	23:00 h
Se levanta y se ducha.					

B. ¿Cómo describirías la vida de María? ¿Y cómo es la tuya? Coméntalo con un/a compañero/a.

`monótona` `interesante` `estresante` `tranquila` `divertida`

C. ¿Y tú? ¿Cuáles de las actividades de 1A has hecho hoy y a qué hora? Coméntalo con un/a compañero/a.

● Yo me he despertado a las siete, me he duchado y me he vestido. Después, he desayunado a las siete y cuarto.

D. ¿Qué actividades vas a hacer hoy después de la clase?

en contexto

3 **Puestos y funciones en la empresa**

A. Relaciona cada uno de estos puestos en la empresa con sus funciones correspondientes.

PUESTOS
1. Presidente/a de la empresa
2. Secretario/a del/de la Presidente/a
3. Jefe/a o Director/a Financiero
4. Jefe/a o Director/a de RR. HH.
5. Jefe/a o Director/a de Producción
6. Jefe/a o Director/a de Ventas
7. Jefe/a o Director/a de Marketing
8. Jefe/a o Director/a de Administración
9. Jefe/a o Director/a de I + D

FUNCIONES
- Se encarga de la selección de personal y de la gestión de conflictos.
- Lleva la agenda de la Presidencia y redacta las actas de las reuniones.
- Es responsable de la contabilidad.
- Es responsable de la imagen del producto y de las estrategias de mercado.
- Se encarga de los pagos, los cobros, las inversiones o los créditos.
- Es responsable de los procesos de elaboración de los productos.
- Es responsable del contacto con los clientes y de las previsiones de venta.
- Es responsable de la Dirección y de la representación de la empresa.
- Es responsable de los proyectos de investigación y desarrollo.

B. Escucha las conversaciones. ¿Qué puestos de trabajo tienen estas personas?

A	B	C	D

Natalia:	Nuria:	Antón:	Sebastián:

C. Escucha de nuevo. ¿Quién tiene cada una de estas funciones?

	A	B	C	D
1. Se encarga de la selección del personal.				
2. Lleva la agenda de la Directora.				
3. Dirige un equipo.				
4. Hace previsiones de ventas.				
5. Gestiona conflictos.				
6. Estudia el mercado y define las estrategias de mercado.				
7. Es responsable del contacto con los clientes.				

D. ¿Qué cualidades crees que tienen que tener las personas con los puestos de A? Coméntalo con un/a compañero/a.

`organizado/a` `flexible` `dinámico/a` `comunicativo/a` `empático/a` `creativo/a` `eficiente` `...`

 ● El Presidente de una empresa tiene que ser...

en contexto 2

GENTE EN SU DÍA A DÍA

4 La agenda de Blanca

A. Blanca Agustí es una ejecutiva española que se ha mudado recientemente a Ciudad de México, donde trabaja en un importante banco. Mira su agenda y marca con una T las actividades que están relacionadas con el trabajo y con una L, las relacionadas con la llegada a una nueva ciudad.

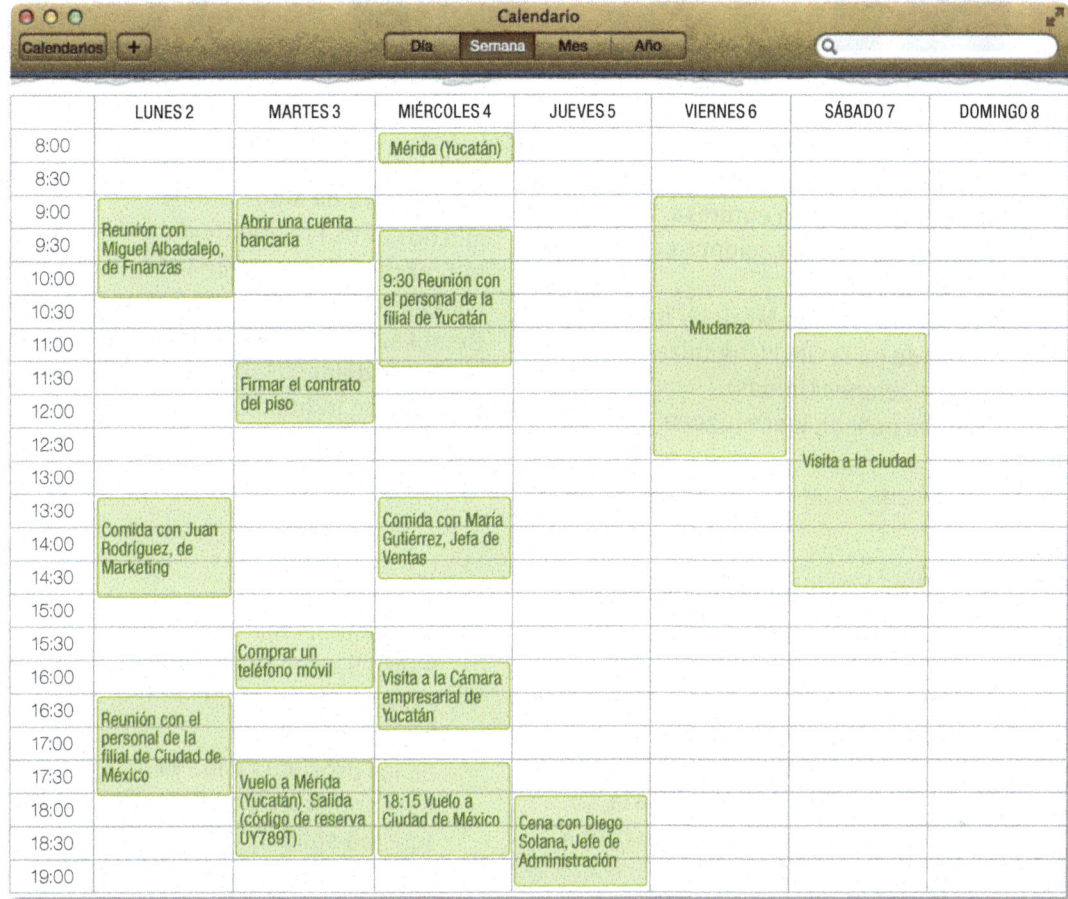

B. Blanca habla por teléfono desde Mérida (Yucatán) con Carlos Martínez, un compañero del banco en Madrid. Escucha e indica si las siguientes frases son verdaderas o falsas.

	V	F
1. **Ya** se ha reunido con Miguel Albadalejo.		
2. **Ya** ha comido con Juan Rodríguez.		
3. **Todavía no** ha abierto una cuenta bancaria.		
4. **Todavía no** ha firmado el contrato del piso.		
5. **Ya** ha comprado un móvil.		
6. **Va a** reunirse con el personal de la filial de Yucatán.		
7. **Ya** ha visitado la Cámara empresarial de Yucatán.		

C. Vuelve a escuchar y anota por qué no ha hecho aún algunas de las actividades planeadas. Coméntalo con un/a compañero/a.

D. En tu cuaderno, haz tu agenda de esta semana. Comenta con un/a compañero/a qué actividades vas a hacer y a qué hora.

- Mañana a las nueve y media voy a ir al dentista.
- Pues yo a las doce del mediodía voy a comer con Johannes.

diecinueve **19**

2 formas y recursos

GENTE EN SU DÍA A DÍA

5 Personas importantes del mundo empresarial hispanohablante

A. ¿Sabes quiénes son estas cuatro personas? En grupos de tres, relacionad a cada una con su información correspondiente. Podéis buscar en internet.

1. Ana Patricia Botín
2. Carlos M. Jarque 
3. Amancio Ortega 
4. Adriana Cisneros 

A
- **Es** un economista mexicano.
- Actualmente **es** Director Ejecutivo de América Móvil (la empresa líder de telecomunicaciones en Latinoamérica).
- **Ha sido** ministro en México y **ha trabajado** en la ONU (Organización de las Naciones Unidas).
- **Le gusta** pasear, leer y jugar al golf.

B
- **Es** uno de los hombres más ricos del mundo y **ha sido** durante muchos años Presidente del Grupo Inditex (grupo empresarial de cadenas de tiendas como Zara, Bershka, Oysho, etc.).
- **Acaba de dejar** sus últimos cargos en el Grupo Inditex. El actual Presidente es Pablo Isla.
- **Le gusta** el vino.

C
- **Es** Directora Ejecutiva de la Organización Cisneros (una empresa de medios de comunicación, entretenimiento, inversiones inmobiliarias, etc., que está presente en muchos países del mundo).
- Desde 2009 **es** Presidenta de la Fundación Cisneros, que **fomenta** la educación y la cultura en América Latina.
- Ahora **está viviendo** en Miami.
- En los próximos años **va a invertir** en proyectos creados por emprendedores digitales.
- **Le gusta** el arte.

D
- **Es** la actual Presidenta del Banco Santander, un banco español con presencia internacional.
- En los próximos años **va a hacer** posibles proyectos de turismo solidario y sostenible en África.
- Su banco **acaba de comprar** el Banco Popular.
- **Le gustan** el yoga y la música clásica.

B. Fíjate en las formas verbales en negrita de A: ¿cuáles hacen referencia al pasado, cuáles al presente y cuáles al futuro? ¿Cuáles se refieren a cosas que han pasado hace muy poco tiempo?

C. Escribe en tu cuaderno las formas verbales que están en pretérito perfecto o con la perífrasis **estar** + gerundio, y encuentra sus infinitivos correspondientes.
  ha sido: ser
  está viviendo: vivir

D. En grupos de tres o cuatro, pensad en personas importantes del mundo empresarial de vuestro país y escribid frases sobre su presente, su pasado, su futuro, sus aficiones… Después, leed las frases al resto de la clase, que tiene que adivinar de quién se trata.

• Es el Presidente de una compañía aérea alemana. Ha trabajado muchos años…

LA HORA

• ¿Qué hora es?
o **Es** la una de la tarde.
o **Son** las siete de la mañana.

• ¿**A** qué hora desayunas?
o **A** las siete y cuarto.

14:00h	**Son** las dos.
14:05h	**Son** las dos **y** cinco.
14:15h	**Son** las dos **y** cuarto.
14:30h	**Son** las dos **y** media.
14:40h	**Son** las tres **menos** veinte.
14:45h	**Son** las tres **menos** cuarto.

LAS PARTES DEL DÍA

• **Por la mañana**, voy al gimnasio.
• **A media mañana**, tomo un café.
• **A/Al mediodía** como en la empresa.
• **Por la tarde**, voy a clases de guitarra.
• **Por la noche**, ceno en casa con Ana.
• **A medianoche**, me acuesto.

• **A** las ocho **de la mañana**, desayuno.
• **A** las dos **de la tarde**, como en un bar.
• **A** las nueve **de la noche**, cenamos.

ENUMERAR ACTIVIDADES

Primero me despierto. **Luego** me ducho y preparo el desayuno. **Después**, salgo de casa y, **por último**, llego a la empresa.

Antes de la comida, / comer, tengo una reunión.
Después de la cena, / cenar, veo la tele.

LA FRECUENCIA

• **Siempre** desayuno en casa.
• **Casi siempre** leo un libro en el metro.
• **A menudo** llevo a mi hija al colegio.
• **A veces** tomo vino con la cena.
• **Casi nunca** me despierto tarde.
• **Nunca** voy en coche a trabajar.

EL PRESENTE DE INDICATIVO

Verbos regulares
-**ar**: -o, -as, -a, -amos, -áis, -an
-**er**: -o, -es, -e, -emos, -éis, -en
-**ir**: -o, -es, -e, -imos, -ís, -en

Verbos reflexivos
ducharse: **me** ducho, **te** duchas, **se** ducha, **nos** duchamos, **os** ducháis, **se** duchan

Verbos irregulares
e/ie: despertarse, tener*, querer
e/i: vestirse, pedir, servir, decir*, seguir
o/ue: acostarse, costar, volver, dormir
u/ue: jugar
1.ª persona irregular con terminación en -go: salir, hacer, tener*, decir*, poner, venir*

* Verbos irregulares en dos grupos:
tener (tengo, tienes…); **decir** (digo, dices…); **venir** (vengo, vienes…)

20 veinte

formas y recursos 2

GENTE EN SU DÍA A DÍA

Verbos irregulares especiales
ir: voy, vas, va, vamos, vais, van
dar: doy, das, da, damos, dais, dan
ver: veo, ves, ve, vemos, veis, ven
estar: estoy, estás, está, estamos, estáis, están
saber: sé, sabes, sabe, sabemos, sabéis, saben

LLAMADAS TELEFÓNICAS

Informales
- ¿**Diga**? / ¿**Sí**?
o ¿**Está** Juan, por favor?
- Sí, **soy yo**.

Semiformales o formales
- Cámara empresarial de Madrid, buenos días. / ¿**Dígame**?
o Buenos días. **Quería** / **Querría** hablar con la Sra. Gutiérrez, por favor.
- ¿**De parte de quién**?
o De María Pérez, de TN Hoteles.
- **Un momento, por favor**.
o Sra. Pérez, en este momento no está la Sra. Gutiérrez. ¿**Quiere dejar un recado**?
- Sí, por favor. **Dígale que** necesito hablar urgentemente con ella.

EL PRETÉRITO PERFECTO

he
has
ha   trabaj**ado** (-ar)
hemos   ten**ido** (-er)
habéis   viv**ido** (-ir)
han

Algunos participios irregulares
ver → **visto**   decir → **dicho**
hacer → **hecho**   poner → **puesto**
escribir → **escrito** volver → **vuelto**

ESTAR + GERUNDIO

estoy
estás   trabaj**ando** (-ar)
está   vend**iendo** (-er)
estamos   viv**iendo** (-ir)
estáis
están

Algunos gerundios irregulares
leer → **leyendo**
ir → **yendo**
dormir → **durmiendo**
oír → **oyendo**

IR A + INFINITIVO

voy
vas
va   llam**ar**
vamos   a hac**er**
vais
van

ACABAR DE + INFINITIVO

Paula **acaba de** dejar su empresa.

---

6 **Tu pasado, tu presente y tu futuro**

A. Haz a un/a compañero/a este cuestionario sobre su vida académica y laboral.

1. ¿Estás estudiando en la universidad en este momento?
   a. Sí. → ¿Qué grado o máster estás haciendo?
   b. No.
2. ¿Estás trabajando actualmente?
   a. Sí. → ¿En qué empresa o lugar?
          → ¿Te gusta el trabajo? ¿Por qué?
   b. No.
3. ¿Has trabajado alguna vez?
   a. Sí. → ¿En qué empresa o lugar?
          → ¿Qué tareas has hecho?
   b. No.
4. ¿Cuáles son tus cualidades y habilidades?
5. ¿Has viajado muchas veces al extranjero?
   a. Sí. → ¿Qué países o lugares has visitado?
          → ¿Cuánto tiempo has estado?
   b. No.
6. ¿Has trabajado alguna vez en un país extranjero?
   a. Sí. → ¿En qué país/es y por cuánto tiempo?
   b. No.
7. ¿Qué tipo de trabajo crees que vas a tener en el futuro?
8. ¿Cómo crees que va a ser ese trabajo?
9. ¿Estás preparándote ahora para ese puesto?
   a. Sí. → ¿Cómo?
   b. No.

B. Presenta a la clase los datos más importantes de tu compañero/a. ¿Dónde te lo/la imaginas en cinco años?

- *Creo que en cinco años Lukas va a estar en Chile y va a trabajar en una empresa de...*

7 **Reuniones**

A. Blanca Agustí llama por teléfono a la Cámara empresarial de Yucatán para concertar una cita con el Presidente. Toma nota de cuándo se va a encontrar con él (día, hora y lugar).

B. Escucha estas otras llamadas a la Cámara empresarial de Ciudad de México y completa la tabla.

	1	2	3
¿Para quién es la llamada?			
¿Quién llama?			
¿Puede hablar con la persona? ¿Por qué?			
¿Deja recado? ¿Cuál?			

2 tareas

⑧ Organización de la comida o cena de Navidad

Trabajáis en una empresa y vais a celebrar la Navidad con una comida o cena de empresa. Tenéis que decidir qué día, a qué hora y en qué restaurante va a ser. Trabajad en parejas (alumno/a A y alumno/a B). Podéis grabar vuestras llamadas telefónicas.

A. Mirad la agenda del / de la Director/a General de la empresa y leed la descripción de los restaurantes (en la página siguiente). Después, poneos de acuerdo sobre el día, la hora y el lugar de la comida o cena.

ALUMNO/A A
Eres el / la secretario/a del / de la Director/a General de la empresa, que está de viaje. Le llamas y le propones fecha, hora y lugar para la comida o cena. Tú crees que los empleados prefieren una cena a una comida, para salir después.

ALUMNO/A B
Eres el / la Director/a General de la empresa. Tu secretario/a te llama para proponerte fecha, hora y lugar para la comida de Navidad. Tu opinión:
- Prefieres una comida, pero entonces todos los empleados tienen que tener la tarde libre.
- Tenéis un presupuesto de 40 € para cada persona de la empresa (25 empleados).
- Prefieres ir a un restaurante que está cerca de la empresa, en el barrio de Sarrià. Es más práctico.

	LUNES 17	MARTES 18	MIÉRCOLES 19	JUEVES 20	VIERNES 21	SÁBADO 22	DOMINGO 23
9:00	Reunión con Clara Ibarruri, de RR. HH.	Visita de la filial de Valencia	Vuelo de vuelta a Barcelona	Visita del representante en China			
10:00					Reunión con el Presidente		
11:00							
12:00							
13:00	Reunión con Amelia Ruiz, de Administración						
14:00		Comida con Eugenio Carrera, Director de la filial valenciana	Comida con Elena Dorado, de Ventas	Comida con la representante en China			
15:00							
16:00							
17:00							
18:00	Vuelo a Valencia. Salida (código de reserva IS7689)		Concierto con Pablo				
19:00							
20:00		Inauguración de una exposición en el Instituto Valenciano de Arte Moderno					
21:00							

TRAM-TRAM

Este restaurante combina la cocina más tradicional con las nuevas tendencias gastronómicas. El trato familiar, la buena relación calidad-precio y su bodega son sus máximos atractivos. Ubicado en una antigua casa de Sarrià, en la zona alta de Barcelona, el restaurante cuenta con comedores privados y terraza. Precio: de 45 a 55 euros. Cierra domingos y lunes.

CARBALLEIRA

Situado cerca del puerto de Barcelona, es una de las mejores marisquerías de la ciudad, ya que ofrece buen pescado y marisco traído a diario de Galicia. Tiene salas semiprivadas para grupos o comidas de empresa. Precio: de 35 a 50 euros. Abre todos los días.

CASA FERNÁNDEZ

Este restaurante situado en el barrio de Sant Gervasi es un clásico de la cocina mediterránea y las tapas, y ofrece buenos productos y un servicio ágil y cercano. En su carta podemos encontrar platos tradicionales (como huevos estrellados con chistorra, bacalao "a la llauna" o cochinillo asado) que conviven con productos de la gastronomía de otros países, como la burrata de Puglia, el tataki de atún o las gambas al wok. Buenos vinos y cócteles. Tiene menús para grupos, de 8 a 20 personas. Precio: de 20 a 50 euros.

OS SERÁ ÚTIL...

¿**Qué día** prefieres / te va bien...?
¿**A qué hora** tienes la reunión con...?
Es demasiado pronto/tarde...
Tenemos que llegar **antes de** la 13 h.../ **después de** las 21 h...
No sé qué es mejor porque...

Este restaurante **está especializado en**...
Este restaurante **es perfecto porque**...
Este restaurante **está cerca/lejos de**...
Los dos/tres tienen/son/están...

Quisiera reservar una mesa **para** 25 personas...
Somos 25.
El día 21...
A las...

B. Ahora el / la secretario/a (alumno/a A) llama al restaurante elegido (alumno/a B) para hacer la reserva.

ALUMNO/A A
Eres el / la secretario/a. Llamas por teléfono al restaurante que habéis elegido para hacer la reserva para 25 empleados.

ALUMNO/A B
Te encargas de las reservas en un restaurante de Barcelona y una persona te llama por teléfono para hacer una reserva para una comida o cena de Navidad.

3

Vamos a buscar unas oficinas en España para nuestra empresa.

Para ello, aprenderemos:
- a referirnos a datos históricos y biográficos,
- a situar los acontecimientos en el tiempo, a relacionarlos con otros y a indicar las circunstancias en que se produjeron,
- a describir hechos pasados habituales,
- a describir espacios y ubicar objetos,
- a hablar de las oficinas y del mobiliario de una empresa,
- a comparar,
- a expresar deseos y opiniones,
- Forma y usos del pretérito indefinido,
- Forma y usos del pretérito imperfecto,
- los marcadores temporales del pasado,
- el contraste entre los tiempos del pasado,
- los relativos.

gente y trayectorias

entrar en materia 3

GENTE Y TRAYECTORIAS

1. Acontecimientos importantes

A. Relaciona estos acontecimientos históricos con las imágenes.

1. Felipe VI empezó a reinar en España.
2. Se celebraron los Juegos Olímpicos de Barcelona.
3. EE. UU. y Cuba establecieron de nuevo relaciones diplomáticas.
4. Terminó la guerra civil española.
5. España entró en la UE (Unión Europea) como país miembro.
6. Argentina, Brasil, Paraguay y Uruguay fundaron el Mercado Común del Sur.
7. El euro comenzó a usarse como moneda común en varios países de la UE.
8. Se inauguró la ampliación del canal de Panamá.
9. Murió Fidel Castro, presidente de Cuba.

B. ¿En qué fecha crees que sucedieron los acontecimientos históricos de A? Coméntalo con un/a compañero/a. Luego puedes consultar la respuesta en internet.

1986 1992 1991
2002 2015
2014 2016 1939

- ¿En qué año comenzó a usarse el euro como moneda?
- Pues no estoy seguro, pero creo que fue en 2002.

C. En las frases del apartado A, el verbo está en pretérito indefinido. Subraya todas las formas que encuentres y escribe el infinitivo.

empezó → empezar
se celebraron → celebrarse

2. Hechos históricos. ¿Verdad o mentira?

Escribe dos frases sobre hechos históricos relevantes de tu país (relacionados con la sociedad, la industria, el turismo, la economía, la ingeniería, etc.). Pueden ser verdad o mentira. Léeselas a tus compañeros/as, que deben decir si la información es cierta o no.

- En un referéndum en 1978, Austria decidió no construir centrales nucleares. ¿Verdad o mentira?
- ¡Verdad!

veinticinco **25**

3 en contexto

3 Ampliación del canal de Panamá

A. ¿Qué sabes del canal de Panamá? ¿Sabes cuándo se construyó y qué fue posible después de su construcción? Coméntalo con un/a compañero/a. Si lo necesitáis, podéis buscar en internet.

B. Lee este texto sobre la ampliación del canal de Panamá y comenta con tu compañero/a las respuestas a las siguientes preguntas.

– ¿Qué pasó el día 26 de junio de 2016 en Panamá?
– ¿Hubo problemas en la construcción?
– ¿Qué es Sacyr? ¿Qué hizo?
– ¿Por qué se considera que el canal de Panamá es "una de las mayores obras de ingeniería del mundo"?

Juntos lo hicimos: ampliación del canal de Panamá

El domingo 26 de junio de 2016 fue una fecha importante para la economía de América Central y, sobre todo, para Panamá. Este pequeño país inauguró la ampliación del nuevo canal y lo celebró con una gran fiesta.

El primer barco en pasar por las nuevas instalaciones fue el portacontenedores chino Cosco Shipping Panamá. Una niña tuvo el privilegio de abrir por primera vez el canal.

Panamá terminó este proyecto con casi dos años de retraso porque hubo problemas de tipo técnico y económico, pero durante la mañana del 26 de junio la frase que más se escuchó fue: "Juntos lo hicimos".

Un poco de historia

El canal de Panamá es una de las mayores obras de ingeniería del mundo. Las obras del canal de Panamá se iniciaron en 1881 y se acabaron en 1914. Estados Unidos participó en su construcción, y administró y controló el canal hasta el año 2000, en el que lo entregó a Panamá. Esta obra conectó los océanos Atlántico y Pacífico y transformó el comercio mundial porque mejoró las redes de comunicación por mar en todo el planeta. En esa ocasión, pocos panameños trabajaron en el proyecto. En cambio, en la ampliación del canal del año 2016, casi el 95 % de las personas que participaron en esta obra eran panameños. El consorcio Grupo Unidos por el Canal (GUPC), dirigido por la empresa española Sacyr, hizo y desarrolló el proyecto técnico. Para Sacyr, esta obra significó un gran éxito.

Fuente: "Panamá estrena su nuevo Canal como un acto de reivindicación patriótica", *El País*

4. Un nuevo lugar para trabajar

A. Mira estas fotos de la Ciudad BBVA, un conjunto de edificios de oficinas del Banco Bilbao Vizcaya Argentaria. ¿Cómo es este lugar de trabajo? ¿Qué servicios tiene?

B. Lee este texto e intenta completarlo con las palabras que faltan. Luego, compara tus respuestas con dos compañeros/as.

La Ciudad BBVA en Madrid

El grupo BBVA (Banco Bilbao Vizcaya Argentaria) es un banco español con gran presencia internacional. La .... social del banco está en Bilbao, pero en Madrid se encuentra la mayoría de los servicios centrales. ¿Dónde? En la nueva Ciudad BBVA. Desde el año 2016 trabajan allí unas 6000 personas. Este .... está formado por siete edificios horizontales más el .... principal llamado La Vela, de 93 metros de altura y 19 plantas. En total, unos 251 000 m^2 de superficie rodeados por .... que protegen todo el recinto del sol en verano y permiten tener luz en invierno.

Los arquitectos han tenido en cuenta aspectos tan importantes como la sostenibilidad y eficiencia energética de las instalaciones: la tecnología está siempre presente. También las nuevas .... (colaboración, simplificación de tareas, trabajo digital y en equipo) han sido muy importantes en el diseño y en la concepción del espacio. Por eso en la Ciudad BBVA no hay despachos ni salas de reuniones convencionales. Además, este lugar de trabajo ofrece una gran cantidad de .... como restaurantes, taller de coches, tiendas, centro de fisioterapia, piscina, centro deportivo, guardería, plazas de aparcamiento y almacenes en el sótano, etc.

Un aspecto muy positivo es que la Ciudad BBVA se encuentra muy bien comunicada con el centro de Madrid a través de autobuses y con un fácil .... al metro o al tren de cercanías. Y... ¿por qué no? También se puede llegar en bici.

 C. Escucha y comprueba.

 D. Busca en el texto las palabras o expresiones que pueden clasificarse en las siguientes categorías.

Formas de trabajo modernas	Espacios	Servicios

E. ¿Te gustaría trabajar en un lugar como la Ciudad BBVA? ¿Por qué? Coméntalo con tus compañeros/as.

- A mí me gustaría trabajar en un lugar así porque me parece muy cómodo tener muchos servicios en un mismo lugar y...

F. ¿Conoces espacios modernos de trabajo en tu ciudad? Coméntalo con tus compañeros/as.

3 formas y recursos

GENTE Y TRAYECTORIAS

5 La trayectoria profesional de Carolina Herrera

A. Estos son dos momentos importantes en la carrera de Carolina Herrera, una diseñadora de alta costura venezolana. Relaciona cada imagen con su pie de foto.

☐ Entrega del premio Mujer del Año (2004)

☐ Diseño del vestido de boda de Caroline Kennedy (1986)

B. Escucha y toma nota de otros acontecimientos relevantes de la biografía de Carolina Herrera.

1. En el año 1939, ...
2. En el año 1981, ...
3. 5 años después, ...
4. En 1988, ...
5. En el año 2008, ...
6. En febrero de 2018, ...

C. Compara estos modelos de Carolina Herrera con los de la diseñadora española Ágatha Ruiz de la Prada. ¿Cuáles te parecen más elegantes? ¿Y más alegres? ¿Te gustaría comprar alguno de estos vestidos para ti o para una mujer de tu entorno? Puedes buscar en internet otros de sus diseños.

Diseños de Carolina Herrera   Diseños de Ágatha Ruiz de la Prada

• A mí el estilo de Carolina Herrera me parece más elegante y me gustaría regalarle un vestido suyo a mi novia.

D. Busca en internet datos sobre la biografía de una persona importante en tu país y prepara una breve presentación. Tus compañeros/as tienen que adivinar de quién se trata.

EL PRETÉRITO PERFECTO

HABER	+ PARTICIPIO
he	
has	trabaj**ado** (ar)
ha	com**ido** (er)
hemos	viv**ido** (ir)
habéis	
han	

Participios irregulares frecuentes
ver → **visto**   decir → **dicho**
hacer → **hecho**   poner → **puesto**
escribir → **escrito**   volver → **vuelto**

El pretérito perfecto se utiliza para hablar de sucesos que queremos relacionar con el momento presente o cuando lo que interesa es si una acción se ha realizado o no, y no el momento en que se ha realizado.

EL PRETÉRITO INDEFINIDO

-ar: -é, -aste, -ó, -amos, -asteis, -aron
-er/-ir: -í, -iste, -ió, -imos, -isteis, -ieron

Irregulares más frecuentes
SER/IR: fui, fuiste, fue, fuimos, fuisteis, fueron

tener → tuv-	
estar → estuv-	
*decir → dij-	-e
*hacer → hic-	-iste
*traer → traj-	-o
venir → vin-	-imos
saber → sup-	-isteis
querer → quis-	-ieron
poner → pus-	
poder → pud-	

* decir (ellos/as, uds.): **dijeron**
* hacer (él, ella, ud.): **hizo**
* traer (ellos/as, uds.): **trajeron**

El pretérito indefinido sitúa un hecho pasado en un período de tiempo que ya terminó, es decir, que no incluye el momento presente.

EL PRETÉRITO IMPERFECTO

ESTAR	TENER	VIVIR
est**aba**	ten**ía**	viv**ía**
est**abas**	ten**ías**	viv**ías**
est**aba**	ten**ía**	viv**ía**
est**ábamos**	ten**íamos**	viv**íamos**
est**abais**	ten**íais**	viv**íais**
est**aban**	ten**ían**	viv**ían**

28 veintiocho

formas y recursos 3

Verbos irregulares

SER	IR	VER
era	iba	veía
eras	ibas	veías
era	iba	veía
éramos	íbamos	veíamos
erais	ibais	veíais
eran	iban	veían

Con el pretérito imperfecto describimos hábitos o circunstancias situados en un momento pasado.

MARCADORES TEMPORALES

En (el año) **2002**...
En febrero/marzo... **de** 1945...
El día 26/30... **de** junio **de** 2001...
De 1994 **a** 2000...
(5/10...) **años después**...
En los años 70/80...
A principios de los (años) 70/80...
A finales de los (años) 70/80...
Hace dos/tres... años...
En aquella época...
Antes...
Hoy en día...
Actualmente...

COMPARAR

Ágatha Ruiz de la Prada es **más** joven **que** Carolina Herrera.

Ágatha Ruiz de la Prada es **menos** conocida **que** Carolina Herrera.

Los modelos de Ágatha Ruiz de la Prada no son **tan** elegantes **como** los de Carolina Herrera.

Ágatha Ruiz de la Prada no tiene **tanto** éxito / **tanta** experiencia / **tantos** premios / **tantas** clientas **como** Carolina Herrera.

EXPRESAR OPINIONES Y DESEOS

(A mí) me parece que la entrada en la Unión Europea fue un acontecimiento muy importante para España.

Los vestidos de Carolina Herrera **me parecen** muy elegantes.

(A mí) me gustaría ver el canal de Panamá.

ORACIONES DE RELATIVO

Guijuelo es un pueblo...

en el que / donde se produce jamón.

que se produce jamón.

---

6 **La historia de BEHER**

A. ¿Qué sabes del jamón ibérico? ¿Lo has probado alguna vez? ¿Conoces otros tipos de jamones? ¿En qué países se producen? Coméntalo con un/a compañero/a.

B. Lee la historia de BEHER y escribe los pies de foto que acompañan al texto.

Bernardo Hernández (BEHER) es una empresa familiar que elabora productos ibéricos de máxima calidad.
La historia de la empresa **comenzó** a principios de los años 30, cuando su fundador, Bernardo Hernández Blázquez, **empezó** a vender sus jamones. Su actividad **era** entonces muy sencilla: en invierno se **hacía** la matanza y el resto del año se **cuidaban** y se **comercializaban** los productos.
En los años 70, el hijo del fundador, Bernardo Hernández García, **tomó** el relevo.
Años después, **inauguró** en Guijuelo unas instalaciones pioneras para su época y en 1988 **construyó** una fábrica de embutidos.
Hoy en día BEHER es una gran empresa familiar que **ha crecido** mucho, ya que sus productos se pueden comprar tanto en España como en muchos puntos del extranjero. Los productos ibéricos de Guijuelo **se han convertido** en un referente gastronómico. Por eso, la empresa **ha recibido** numerosos premios nacionales e internacionales en los últimos años.
La apertura de tiendas de *delicatessen* **ha sido** la última novedad en el desarrollo de la empresa.

Fuente: www.beher.com

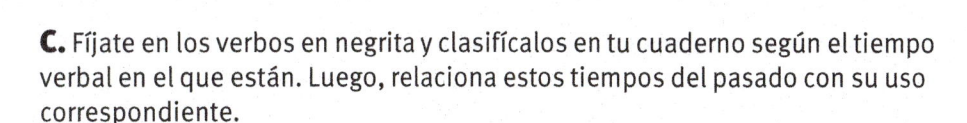

C. Fíjate en los verbos en negrita y clasifícalos en tu cuaderno según el tiempo verbal en el que están. Luego, relaciona estos tiempos del pasado con su uso correspondiente.

1. Pretérito perfecto   a. Para hablar de un hecho pasado no vinculado al presente.

2. Pretérito indefinido   b. Para hablar de un hecho pasado vinculado al presente.

3. Pretérito imperfecto   c. Para describir hábitos o circunstancias de un momento pasado.

D. Subraya en el texto los marcadores temporales que aparecen.

veintinueve **29**

3 tareas

GENTE Y TRAYECTORIAS

 Departamentos de una empresa

A. Mira la ilustración y busca estos lugares y objetos.

`laboratorio` `vídeoproyector`
`mostrador` `mapas`
`sala de reuniones` `gráficos`

B. Identifica en qué planta se encuentran los departamentos de esta empresa.

1. Departamento de Ventas y Marketing
2. Recepción
3. Departamento de Formación
4. Departamento de Investigación y Desarrollo
5. Dirección General
6. Administración y Logística

C. Ahora comenta con un/a compañero/a qué elementos de la ilustración te han ayudado.

• El Departamento de Logística es este en el que…

 Mi empresa abre oficinas en Madrid

A. Tu empresa quiere abrir una sede en Madrid. En grupos de tres, decidid a qué empresa pertenecéis (puede ser real o inventada), qué productos ofrecéis, qué departamentos hay y cuántas personas van a trabajar en la nueva sede.

• Oye, ¿qué os parece Der Mann? Hace un pan muy bueno.
○ Es buena idea, el pan austríaco puede venderse bien en España…

B. Vais a visitar a un/a agente inmobiliario/a en Madrid. Él/ella os hará preguntas sobre vuestra empresa y sobre la sede que queréis abrir en Madrid. Primero, preparad una breve presentación de la empresa con los datos de la ficha de la derecha. Luego, una persona del grupo hace de agente inmobiliario/a y las otras dos, de empleados de la empresa.

• Buenas tardes. Mi nombre es Tomás Rodríguez.
○ Encantada, yo soy Anne Schultz.
■ Hola, yo soy Albert Bauer.
• Mucho gusto. ¿Cómo se llama su empresa?
○ Der Mann.
• ¿Y qué produce?

NUESTRA EMPRESA
• Nombre y fecha de fundación.
• Nombre del fundador y algunos datos de su biografía.
• Datos esenciales de su historia.
• Producto o servicio que ofrece.
• Presencia en vuestro país y en otros países del mundo.
• Razones para querer estar en España.
• Cuántos empleados tiene y cuántos va a haber en la sede de España.
• Qué departamentos tiene la empresa y cuáles van a estar representados en España.

30 treinta

C. Elegid uno de estos dos locales o buscad otro en internet. ¿Qué oficinas son las más adecuadas para vuestra empresa?

ALQUILER - ARGÜELLES, MADRID

Espacio para sede de empresa en calle de la Princesa, Argüelles, Madrid
350 m², 6080 €/mes

Oficina en el distrito financiero, junto a la Plaza de España, en el centro de la ciudad.
350 m² distribuibles en 4 grandes espacios o 20 oficinas. Cocinas, salas de reuniones y salón de actos para 30 personas aprox.
Zona con colegios, restaurantes, bancos y supermercados.
A 30 minutos del aeropuerto.
Bien comunicado con las vías M-30, A-5 y A-6, y con autobuses, metro y cercanías.
Tel.: 914 892 517

Torre de oficinas en la Zona Norte de Madrid.
Tel.: 914 567 890

- Altura: 248 metros / 45 pisos
- 14 ascensores
- Alquiler de oficinas de diferentes tamaños (de **90** a **150** m²). Entre **1200** y **2500** euros al mes.
- Todas las oficinas tienen cocina y baño.
- Sede de importantes empresas.
- Bien comunicado: metro, autobús, tren (cercanías y larga distancia).

• A ver, la oficina en la calle de la Princesa está en el centro de la ciudad. Es más práctico, ¿no?
○ Sí, pero es más cara que las oficinas de la torre. Y demasiado grande.
• Ya, pero...

D. Para la nueva oficina, vuestra empresa necesita comprar muebles y material. Con tus compañeros/as, decidid qué necesitáis y haced una lista.

• Yo creo que necesitamos una mesa de reunión.
○ Sí, y también tres escritorios y tres sillas.

treinta y uno 31

1 gente en el trabajo

1. Primeras palabras.
2. Terminaciones de profesiones y puestos de trabajo.
3. Los compañeros y jefes ideales.
4. Adjetivos de carácter de compañeros y jefes.
5. Los compañeros de trabajo de una empresa.
6. Reacciones ante saludos, despedidas y presentaciones.
7. Presentaciones de personas en la empresa.
8. Una tarjeta de visita.
9. Diálogos en la empresa.
10. Tipos de empresas.
11. Una empresa grande en un pueblo pequeño.
12. Monedas y países.
13. ¿Acciona o Imaginarium?
14. ¿En qué empresa invierto mi dinero?
15. El tiempo meteorológico.
16. Pronombres de OD.
17. Organigrama de una empresa.
18. Vocabulario de la unidad.

1 Primeras palabras
¿Puedes relacionar estas palabras con las imágenes?

un/a contable ....

un/a programador/a ....

un/a recepcionista ....

un/a arquitecto/a ....

una empresa energética y petrolera ....

una empresa de producción y distribución textil ....

una empresa hotelera ....

ejercicios 1

2. Terminaciones de profesiones y puestos de trabajo LA 1, 9

Completa la siguiente tabla con las palabras de la derecha. Luego, escribe las terminaciones del plural.

Masculino singular	Femenino singular	Masculino plural	Femenino plural
-or	**-ora**	**-ores**	**-oras**
....	....	....	....
....	....	....	....
....	....	....	....
....	....	....	....
-o	**-a**	**-os**	**-as**
....	....	....	....
....	....	....	....
....	....	....	....
....	....	....	....
....	....	....	....
....	....	....	....
....	....	....	....
-e	**-a**	**-es**	**-as**
....	....	....	....
....	....	....	....
-e		**-es**	
....		....	
....		....	
-ista		**-istas**	
....		....	
....		....	
....		....	

Palabras:
- conductor/a de autobús
- arquitecto/a
- dependiente/a
- representante
- recepcionista
- taxista
- gerente
- empleado/a
- abogado/a
- piloto/a
- director/a
- médico/a
- economista
- presidente/a
- enfermero/a
- obrero/a
- diseñador/a gráfico
- secretario/a
- informático/a
- asesor/a de impuestos

GENTE EN EL TRABAJO

3. Los compañeros y jefes ideales LA 1

A. ¿Cómo son para ti un/a compañero/a de trabajo y un/a jefe/a ideales? ¿Cómo no tienen que ser? Márcalo en la tabla con colores distintos.

	Compañero/a de trabajo	Jefe/a		Compañero/a de trabajo	Jefe/a
abierto/a	✓		ambicioso/a		
inteligente			serio/a		
simpático/a			agradable		
optimista			divertido/a		
competente			vago/a		
despistado/a			sociable		
hablador/a			caótico/a		
trabajador/a			creativo/a		

B. Ahora, ponlo en común con tus compañeros/as. ¿Estáis de acuerdo?

● Para mí, un compañero ideal es simpático, divertido...

treinta y tres **33**

1 ejercicios

4 Adjetivos de carácter de compañeros y jefes LA 1
Clasifica en este cuadro los adjetivos de la actividad anterior según su terminación y completa la tabla.

Masculino singular	Femenino singular	Masculino plural	Femenino plural
-o	-a	-os	-as
abierto	abierta	abiertos	abiertas
....	....	....	....
....	....	....	....
....	....	....	....
....	....	....	....
....	....	....	....
....	....	....	....
-or	-ora	-ores	-oras
....	....	....	....
-e		-es	
....		....	
....		....	
....		....	
....		....	
-ista		-istas	
....		....	

5 Los compañeros de trabajo de una empresa LA 1

A. ¿Cómo crees que tiene que ser el carácter de las personas responsables de los Departamentos de Marketing, Contabilidad y Producción? Coméntalo con un/a compañero/a.

B. Dos personas hablan sobre estos compañeros de empresa. ¿Qué dicen de ellos? Escucha y completa la tabla.

11

	Aspectos positivos	Aspectos negativos
Marina Berdeal Jefa de Marketing		
Elena González Jefa de Contabilidad		
Juan Feria Jefe de Producción		

6 Reacciones ante saludos, despedidas y presentaciones LA 2, 3

Escucha estos saludos, despedidas y presentaciones, y reacciona.

12

1. ....
2. ....
3. ....
4. ....

5. ....
6. ....
7. ....
8. ....

ejercicios 1

GENTE EN EL TRABAJO

7. Presentaciones de personas en la empresa LA 2, 3

A. Francisco está en el encuentro organizado por Marca España. Su compañero Nicolás le presenta a algunas personas. Completa los diálogos.

1.
- **Nicolás:** Mira, Francisco, esta es Lucía, una amiga de la empresa La Noja.
- **Lucía:** ¡Hola! ¿Qué tal?
- **Francisco:** ....

2.
- **Nicolás:** Francisco, te presento a Susana, una nueva compañera.
- **Francisco:** ....
- **Susana:** Muchas gracias.

3.
- **Nicolás:** Te presento a la Sra. Ortizola, del departamento de Ventas.
- **Sra. Ortizola:** Mucho gusto, encantada.
- **Francisco:** ....

B. Ahora, escucha y comprueba qué dice Francisco. ¿Coincide con tus propuestas? (13)

C. Completa los siguientes diálogos con **te**, **le**, **os** o **les**.

1. Sra. Ramos, Sr. Sánchez, ... presento al Sr. Fernández, el nuevo jefe de Recursos Humanos.
2. Jorge, María, ... presento a Luis y a Marisa, dos nuevos compañeros de trabajo.
3. Paula, ... presento a Luis. Empieza hoy a trabajar con nosotros.
4. Sra. Sánchez, ... presento a Antonio, nuestro jefe de Producción, y a Marisa, la jefa de Administración.

8. Una tarjeta de visita LA 1

A. Completa la lista con las abreviaturas que aparecen en la tarjeta de visita.

número: ....
derecha: ....
izquierda: **izda.**
teléfono: ....
señor: ....
señora: **Sra.**
calle: ....
avenida: **Avda.**
plaza: **Pza.**
paseo: **P.º**
código postal: ....

NUEVA ENSEÑANZA
Sr. Alfonso Jiménez Hinojosa
Jefe del departamento de Administración

C/ Nueva, n.º 12, 4.º dcha.   C. P.: 28031 Madrid
Tfno.: 91 204 56 73
alfonso.jimenez@nueva-enseñanza.es
www.nueva-enseñanza.es

B. Crea tu propia tarjeta de visita, real o inventada.

9. Diálogos en la empresa LA 1, 2, 3, 4, 5

Escucha las preguntas y marca la respuesta adecuada. (14)

a.
☐ No, no me gusta mi trabajo.
☐ No, soy el jefe del departamento de Marketing.

b.
☐ Es una empresa multinacional muy grande.
☐ Está cerca del centro de la ciudad.

c.
☐ Produce motores para coches eléctricos.
☐ Hay tres en este país.

d.
☐ Sí, ella es Ana y yo, Laura. Mucho gusto.
☐ Sí, él es Antonio y yo, Pedro. Mucho gusto.

e.
☐ Es muy seria, trabajadora y activa.
☐ Vive muy cerca de su trabajo.

f.
☐ Es la jefa del departamento de Administración.
☐ Sí, es una buena idea.

treinta y cinco **35**

1 ejercicios

10 Tipos de empresas LA 4

Mira los logos de estas empresas y escribe qué tipos de empresas son. Si lo necesitas, puedes buscar información en internet.

1 IBERIA — Es una compañía aérea española.
2 GAZPROM — ....
3 renfe — ....
4 BBVA — ....
5 VINCI — ....
6 Coca-Cola — ....
7 TOYOTA — ....
8 NH HOTELS — ....
9 Klett — ....
10 TELMEX — ....
11 ZARA — ....
12 LEROY MERLIN — ....

11 Una empresa grande en un pueblo pequeño LA 5

A. Lee este texto sobre el grupo Hotusa y complétalo con **es**, **está** y **hay**.

Grandes empresas en pequeños pueblos

¿Por qué Chantada?

Chantada .... un pueblo de unos 5000 habitantes que .... en la provincia de Lugo (Galicia), a unos 100 km al norte de la frontera con Portugal. En ese pueblo tiene una oficina (donde trabajan más de 200 personas) el grupo Hotusa, fundado en 1977 por Amancio López Seijas. Pero, ¿por qué se instala esta empresa en un pueblo y no en una ciudad?

El grupo Hotusa, con más de 3700 puestos de trabajo, ... una empresa hotelera que gestiona reservas de hotel para todo el mundo. Su propietario, el señor López, ... de Chantada y opina que "en el siglo XXI, con la revolución digital, la comunicación es en línea y para trabajar no es tan importante el lugar".

Es verdad que ciudades como Madrid o Barcelona tienen de todo: aeropuerto, alojamientos, ofertas de ocio, lugares de interés, infraestructuras, etc. Pero Chantada tiene algo especial: tranquilidad y calidad humana. Al lado de la oficina de Hotusa, en Chantada, ... árboles y un río, y no muy lejos .... lugares tranquilos para tomar café y estar con los amigos. También .... dos gimnasios, una piscina, tiendas y muchos bares. A los empleados de Hotusa les encanta ese ambiente.

Cómo llegar a Chantada:
En coche: por la autopista A-6.
En autobús: conexión directa desde Lugo.
En tren: estación de Carballiño.

LA EMPRESA
Grupo Hotusa, sector hotelero
Sede principal: Barcelona
Producto: Gestión de reservas
Número de empleados: 3800
Filiales en: Chantada, París, Londres, Roma, Buenos Aires y Bangkok

B. ¿Conoces otras empresas con instalaciones en poblaciones pequeñas? ¿Te gusta la idea? ¿Por qué? Coméntalo con un/a compañero/a.

ejercicios 1

12. Monedas y países   LA 6

Completa la tabla con el nombre de las monedas de estos países de habla hispana.

País	Moneda	País	Moneda
1. Venezuela	....	7. Guatemala	....
2. Argentina	....	8. Nicaragua	....
3. Perú	....	9. México	....
4. España	....	10. Honduras	....
5. Paraguay	....	11. Panamá	....
6. Guinea Ecuatorial	....	12. Colombia	....

13. ¿Acciona o Imaginarium?   LA 7

Imagina que quieres invertir en una empresa española. Comenta con un/a compañero/a cuál de estas dos te interesa más y por qué.

ACCIONA

Sector: Infraestructuras

Es una empresa española con más de un siglo de trayectoria y con sede en Madrid (España). Está presente en más de 60 países de los cinco continentes y tiene más de 30 000 trabajadores.
Según su página web, Acciona es una empresa comprometida con el medioambiente y su objetivo es construir un mundo mejor.

IMAGINARIUM

Sector: Educación, juguetes

Es una empresa multinacional con sede en Zaragoza (España), que se dedica a diseñar y a fabricar juguetes. Un equipo de más de 450 psicólogos y pedagogos infantiles trabaja para desarrollar los mejores juguetes.
Imaginarium es pionera en la venta de productos por internet.

● A mí me interesa invertir en Acciona porque me gustan las empresas internacionales y me interesa la ingeniería.

14. ¿En qué empresa invierto mi dinero?   LA 7

Imagina que tienes un millón de euros y deseas invertirlo en una empresa del mundo hispanohablante. Busca en internet una empresa (de la unidad u otra) y escribe un texto argumentando tu decisión.

Quiero invertir en ....
....
....
....

treinta y siete **37**

ejercicios

15 El tiempo meteorológico LA 7

A. ¿Qué tiempo hace en estos lugares del mundo? Completa las siguientes frases.

La Habana / 35 °C
Guayaquil / 24 °C
Palma de Mallorca / 16 °C
Santiago de Chile / −1 °C
Fuerteventura / 18 °C
Buenos Aires / 13 °C
Canfranc (Huesca) / −2 °C

hace calor   llueve   está nublado
hace frío   nieva   hace sol
                         hace viento

1. En La Habana ....
2. En Guayaquil ....
3. En Palma de Mallorca ....
4. En Santiago de Chile ....
5. En Fuerteventura ....
6. En Buenos Aires ....
7. En Huesca ....

B. Comprueba tus respuestas con un/a compañero/a.

● ¿Qué tiempo hace en La Habana?
○ Hace calor.

16 Pronombres de OD LA 8

Completa las siguientes frases con pronombres de OD.

1. La empresa Marqués de Cáceres produce un vino tinto muy bueno y .... vende en países de Europa, Asia, África y América.
2. Esta corbata es muy bonita, pero no .... puedo comprar porque es muy cara.
3. Los juguetes de Imaginarium tienen mucho éxito, mucha gente .... compra por internet.
4. Me gustan los vestidos de Mango. Yo tengo varios y me .... pongo mucho.
5. En esta tienda tienen un jamón muy bueno. Yo siempre .... compro aquí.
6. Me gustan mucho tus americanas. ¿Dónde .... compras?

ejercicios

GENTE EN EL TRABAJO

17 **Organigrama de una empresa** LA 9

A. Escucha y completa el organigrama con el nombre de los puestos de estas personas de una empresa.

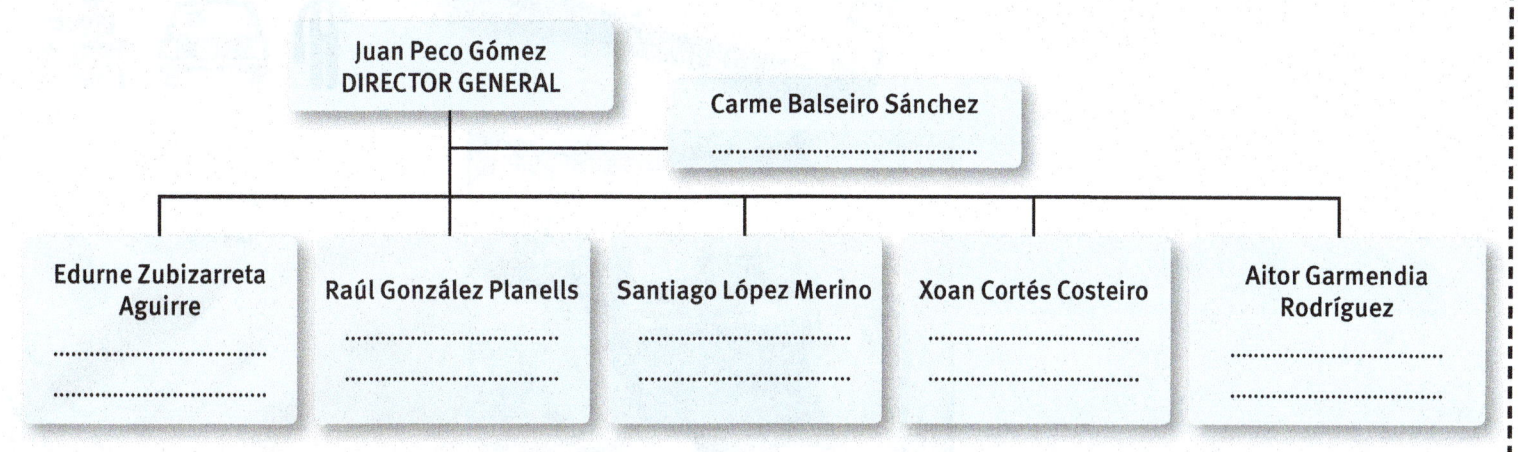

- Juan Peco Gómez — DIRECTOR GENERAL
- Carme Balseiro Sánchez — ....
- Edurne Zubizarreta Aguirre — ....
- Raúl González Planells — ....
- Santiago López Merino — ....
- Xoan Cortés Costeiro — ....
- Aitor Garmendia Rodríguez — ....

B. Vuelve a escuchar y anota en tu cuaderno cómo es el carácter de cada persona.

18 **Vocabulario de la unidad**

Haz en tu cuaderno un mapa mental con el vocabulario que has aprendido en esta unidad. Aquí tienes una propuesta.

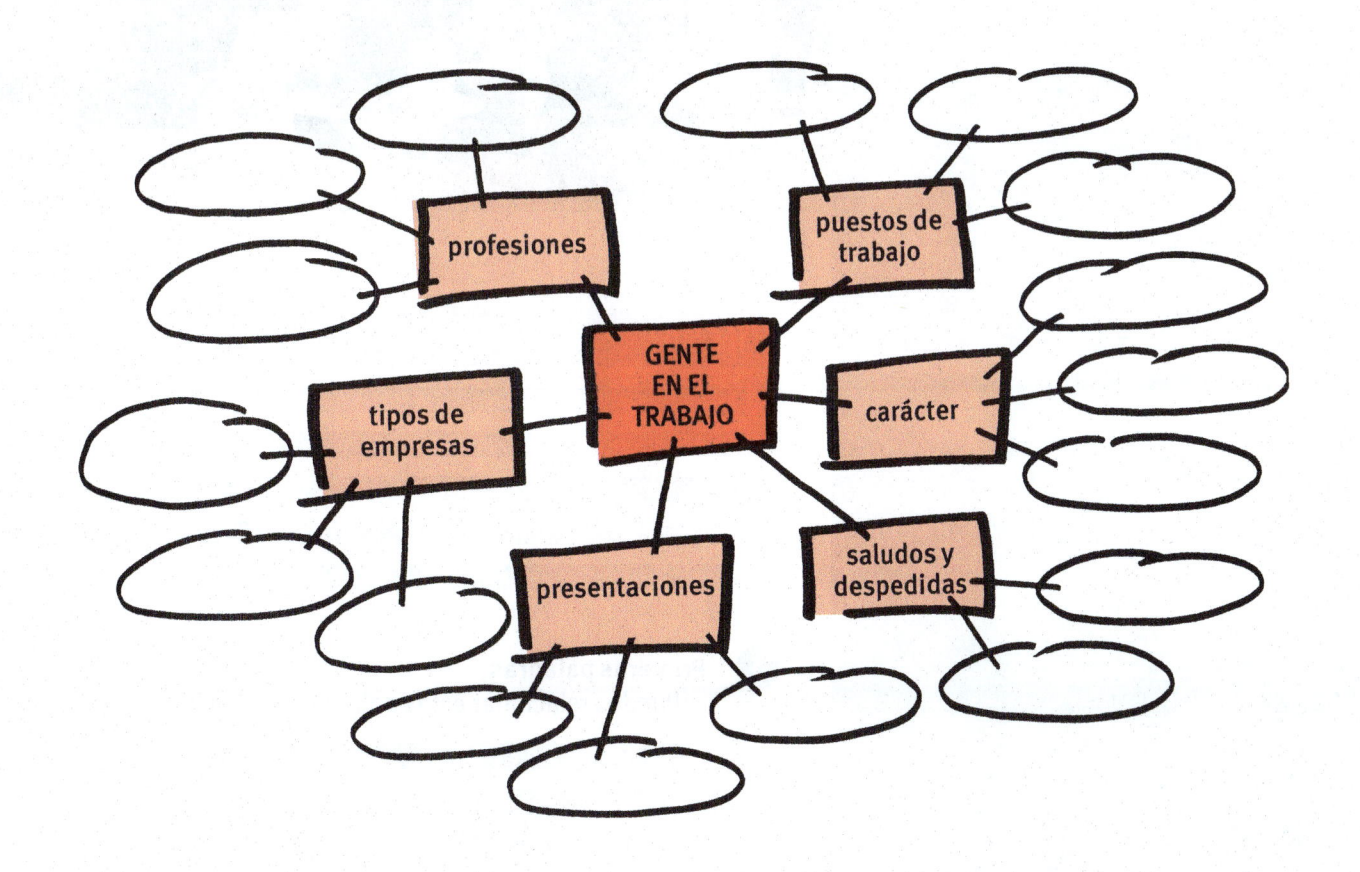

Mapa mental: **GENTE EN EL TRABAJO** con ramas: profesiones, puestos de trabajo, carácter, saludos y despedidas, presentaciones, tipos de empresas.

treinta y nueve **39**

2
gente en su día a día

1. Primeras palabras.
2. La hora.
3. Verbos irregulares.
4. Tu rutina diaria.
5. Un día de trabajo de María.
6. Preposiciones.
7. Jornada laboral.
8. Cómo es un día de trabajo ideal.
9. Trabajo y vida diaria.
10. Frecuencia.
11. Puestos de trabajo y cualidades.
12. Te envío un audio.
13. ¿Qué está haciendo Lucía?
14. ¡Lo siento, se ha equivocado!
15. Personas importantes del mundo empresarial de los países hispanohablantes.
16. Vocabulario de la unidad.

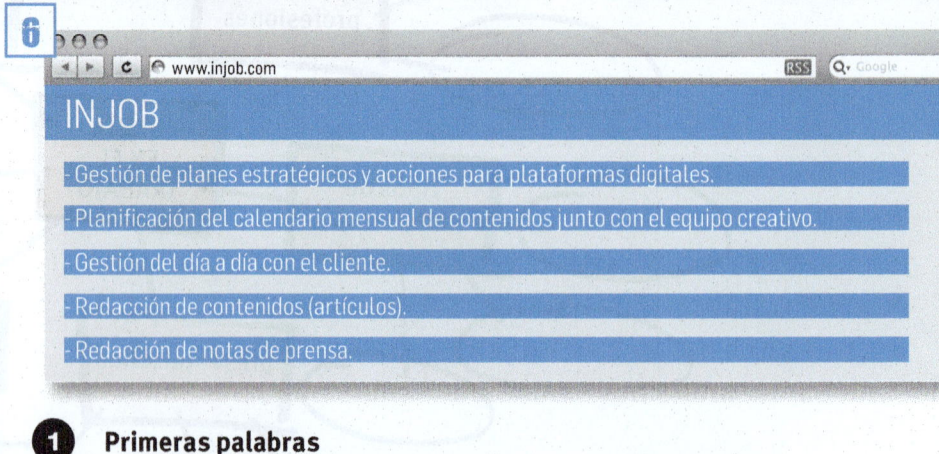

INJOB

- Gestión de planes estratégicos y acciones para plataformas digitales.
- Planificación del calendario mensual de contenidos junto con el equipo creativo.
- Gestión del día a día con el cliente.
- Redacción de contenidos (artículos).
- Redacción de notas de prensa.

① Primeras palabras

¿Puedes relacionar estas palabras con las imágenes?

las funciones de un puesto de trabajo .... una agenda ....
una comida de trabajo .... las actividades de la vida diaria ....
una reunión de trabajo .... una llamada telefónica ....

ejercicios 2

2 La hora LA 1, 2
Mira estos relojes y escribe qué hora es.

1 a.m.   2 a.m.   3 p.m.

4 p.m.   5 a.m.   6 p.m.

7 p.m.   8 a.m.   9 a.m.

3 Verbos irregulares LA 1, 2
A. Completa la siguiente tabla con las formas irregulares de estos verbos en presente.

	despertarse	almorzar	vestirse	salir
yo			me visto	
tú				
él, ella, usted				sale
nosotros/as				
vosotros/as	os despertáis			
ellos, ellas, ustedes		almuerzan		

GENTE EN SU DÍA A DÍA

cuarenta y uno 41

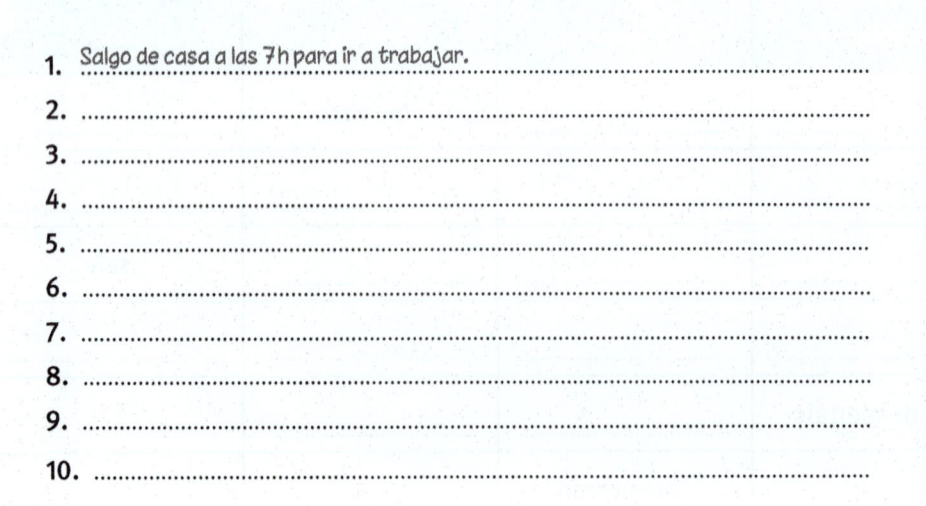

B. Aquí tienes otros verbos irregulares. Completa las tablas como en el ejemplo.

Verbos	Irregularidad	Formas irregulares
pedir	e/i	pido, pides, pide, piden
preferir	....	....
dormir	....	....
volar	....	....

Verbos	Irregularidad	Formas irregulares
poder	....	....
seguir	....	....
repetir	....	....
soñar	....	....

Verbos	Irregularidad	Formas irregulares
querer	....	....
pensar	....	....
poner	....	....
saber	....	....

Verbos	Irregularidad	Formas irregulares
servir	....	....
decir	....	....
vestirse	....	....
venir	....	....

4 Tu rutina diaria   LA 1 y 2
Haz frases sobre tu rutina diaria con los siguientes verbos.

- salir de casa
- ducharse
- volver a casa
- hacer la compra
- leer
- desayunar
- cenar
- almorzar
- acostarse
- despertarse

1. Salgo de casa a las 7h para ir a trabajar.
2. ....
3. ....
4. ....
5. ....
6. ....
7. ....
8. ....
9. ....
10. ....

ejercicios 2

5. Un día de trabajo de María   LA 1, 2

A. Mira qué tiene que hacer hoy María y contesta las preguntas.

1.
- ¿A qué hora empieza a trabajar?
- ....

2.
- ¿A qué hora empieza su reunión?
- ....

3.
- ¿A qué hora come con la directora?
- ....

4.
- ¿A qué hora termina las clases por la tarde?
- ....

9:30 a 11:15
clases con los alumnos de 1.º de ESO A

11:45 a 12:15
reunión de profesores

13:30
comida con la directora

15:00 a 17:00
clases

B. Haz una lista de las cosas que tienes que hacer esta semana. Después, mira la lista de tu compañero/a y pregúntale cuándo va a hacer esas actividades.

- Estudiar para el examen de Contabilidad.
- Quedar con Mark.
- ....
- ....
- ....
- ....
- ....
- ....
- ....
- ....

- ¿Cuándo vas a estudiar para el examen?
- Creo que todos los días de la semana, de 18 h a 21 h.
- ¿Y a qué hora vas a quedar con Mark?

6. Preposiciones   LA 1, 2

Fíjate en las preposiciones marcadas en negrita en estas tres primeras frases. Luego, completa las demás frases con las presposiciones **a**, **de** y **por**.

1. **A** las ocho **de** la tarde voy al gimnasio.
2. **Por** la mañana tengo una reunión.
3. El lunes doy clase de Ciencias **de** las 10 h **a** las 12 h.

4. María se levanta .... las siete menos cuarto .... la mañana.
5. Pedro lleva los niños al colegio .... la mañana.
6. Los martes y los jueves .... la tarde, María va al gimnasio.
7. María se acuesta a las once .... la noche.
8. María se va a trabajar a las ocho .... la mañana.
9. Casi todos los días, María tiene clases .... las nueve .... la mañana .... las cinco .... la tarde.
10. María come todos los días .... las dos menos veinte.

ejercicios

7. Jornada laboral LA 1, 2

Escribe cómo imaginas la jornada laboral de una de estas personas. Puedes usar los siguientes conectores.

primero,   (poco) después,   luego,   por último,

– un/a DJ de una discoteca
– un/a recepcionista de un hotel
– un/a médico/a
– un/a empleado/a de un banco
– un/a amo/a de casa
– un/a taxista

Un/a DJ de una discoteca

Por la mañana, duerme.

A mediodía,

Por la tarde,

Por la noche,

Antes de acostarse,

8. Cómo es un día de trabajo ideal LA 1, 2

¿Cómo es un día de trabajo ideal para ti? Describe en tu cuaderno tus horarios y las actividades que realizas.

9. Trabajo y vida diaria LA 1, 2

Escucha las respuestas de dos personas a una encuesta sobre trabajo y vida diaria e indica a quién corresponde cada información.

a. Tiene tiempo por la tarde. ......1......
b. Come siempre fuera de casa. ....
c. Hace poco deporte. ....
d. Duerme bien. ....
e. Trabaja a veces por la noche. ....
f. Normalmente se levanta temprano. ....
g. No está contento/a con su horario laboral. ....

1. Elvira    2. Tomás

10. Frecuencia LA 1, 2

Completa estas frases para hablar de actividades que haces con esta frecuencia.

1. Casi siempre
2. A menudo
3. A veces
4. Casi nunca
5. Una vez por semana
6. Dos veces por semana

44 cuarenta y cuatro

ejercicios 2

11. Puestos de trabajo y cualidades LA 3

A. Observa estas cualidades. ¿Para qué trabajos o puestos de trabajo son más necesarias? Coméntalo con un/a compañero/a.

dinámico/a
flexible
comunicativo/a
empático/a
organizado/a

amable
creativo/a
comprensivo/a
cariñoso/a
divertido/a

abierto/a de mente
generoso/a
buen/a comunicador/a
con visión de futuro

• *Creo que hay que ser empático para ser Jefe de Recursos Humanos...*

B. Busca el antónimo de cinco de los adjetivos del apartado A.

12. Te envío un audio LA 4, 5

A. ¿Sabes qué son los "productos de financiación"? Coméntalo con tus compañeros/as. Si es necesario, busca en internet.

B. Blanca recibe un audio de su compañero Carlos y le responde con otro audio. Escúchalos y completa.

0:50 Madrid 15:45

1. MENSAJE DE CARLOS

a. .... en los nuevos productos de financiación y tengo algunas preguntas. ¿............................... ya con el Sr. Buendía de la Cámara empresarial de Ciudad de México? Es que esta tarde, antes de salir del trabajo, ... por teléfono y necesito saberlo.

b. ¿En la filial de Yucatán están informando a las empresas sobre el producto de financiación? ¿............................... la planificación para los próximos tres meses? Si te parece bien, esta tarde les .... un correo urgente con el PDF de la planificación que estamos desarrollando aquí.

0:40 Ciudad de México 8:45

2. MENSAJE DE BLANCA

a. Ya me he reunido con el Sr. Buendía, de la Cámara empresarial, y .... tener otra reunión la semana que viene. Esta tarde .... con su secretaria para concretar la cita. .... también en contactar con otras instituciones... voy a ver.

b. En la filial de Yucatán .... la semana que viene una reunión informativa con las empresas mexicanas. Ahora están buscando un lugar para celebrarla, un hotel o un restaurante céntrico, por ejemplo, y .... la publicidad de ese evento. Seguro que va a ser un éxito. Pero no sé si han hecho la planificación de los tres meses.

C. Completa la tabla con las formas verbales que aparecen en los mensajes de B. ¿Entiendes qué significan?

Pretérito perfecto	**Estar** + gerundio	**Ir a** + infinitivo
....	....	....
....	....	....
....	....	....

cuarenta y cinco **45**

2 ejercicios

13 ¿Qué está haciendo Laura? LA 5
Mira la agenda de Laura y escribe frases usando **estar** + gerundio.

1. Son las 8:05: Está llamando al Sr. Orbea.
2. Son las 9:02: ....
3. Son las 10:05: ....
4. Son las 11:35: ....
5. Son las 14:00: ....

8:00	~~Llamar al Sr. Orbea (restaurante El Rincón)~~
9:00	Leer un informe de Ventas
10:00	Desayuno con el gerente del hotel Paraíso Sol
11:30	Presentación del producto a ITL Plus
13:45	Comida con el Sr. Mendoza

14 ¡Lo siento, se ha equivocado! LA 7
A. Completa el diálogo con estas frases.

- De parte de quién
- Quiere dejarle algún recado
- Se ha equivocado
- Podría hablar con el señor

● **Hombre:** ¿Bueno?
○ **Laura:** Hola, buenos días. ¿Es el restaurante El Rincón?
● **Hombre:** ¿Cómo? ¿Un restaurante?
○ **Laura:** Perdón, ¿no es el restaurante El Rincón?
● **Hombre:** .... Es un domicilio particular.
○ **Laura:** Disculpe..., ¡ah! Es el ...87...

■ **Empleado del restaurante:** ¿Bueno?
○ **Laura:** ¿Restaurante El Rincón?
■ **Empleado:** Sí, aquí es.
○ **Laura:** Buenos días. ¿..................................... Orbea?
■ **Empleado:** No estoy seguro de si llegó ya... ¿..................................?
○ **Laura:** Le llamo de la oficina del Banco Pantander de Yucatán. Soy Laura Ortiz. Queremos organizar un evento con empresarios de la zona y hemos pensado en su restaurante.
■ **Empleado:** Un momento... Ahorita no está. El señor Orbea viene a partir de las 9:30. ¿..................................?
○ **Laura:** Pues...., no se preocupe. Vuelvo a llamar sobre las diez menos cuarto.
■ **Empleado:** De acuerdo.
○ **Laura:** Gracias y hasta luego.

CUANDO SE RECIBE UNA LLAMADA...

En España:
● ¿Dígame?
● ¿Diga?
● ¿Sí?

En muchos países de América Latina:
● ¿Aló?

En México:
● ¿Bueno?

B. Ordena estas cuatro conversaciones telefónicas. Luego escucha y comprueba.

1
- ☐ ¡Claro! ¡Soy yo!
- ☐ ¿Sí?
- ☐ Ah, no te he conocido. ¿Cómo estás? Soy Javier.
- ☐ Hola, ¿está Lucía?

2
- ☐ ¿De parte de quién?
- ☐ Un momento, por favor.
- ☐ Sí, buenas tardes. ¿Dígame?
- ☐ De la Cámara empresarial de la Ciudad de México.
- ☐ Hola, buenas tardes. ¿La señora Agustí?

3
- ☐ Lo siento mucho. En este momento el Sr. Ocampo se encuentra ocupado.
- ☐ Muchas gracias. Lo vuelvo a llamar en media hora.
- ☐ Hola, buenos días, quería hablar con el Sr. Antón Ocampo.
- ☐ Buenos días, ¿dígame?

4
- ☐ ¿Qué tal? Soy Pili. ¿Tienes 5 minutos para hablar?
- ☐ Sí, soy yo.
- ☐ ¿Sí? ¿Bueno?
- ☐ ¿Tomás?
- ☐ Claro que sí. ¡Dime!

46 cuarenta y seis

ejercicios 2

15. Personas importantes del mundo empresarial de los países hispanohablantes — LA 5

A. ¿Conoces a estas personas? ¿A qué se dedican? Busca información en internet y completa las fichas.

Esther Koplowitz
Nacionalidad:
....
Actividad profesional:
....
Otros datos interesantes:
....
....

Carlos Slim
Nacionalidad:
....
Actividad profesional:
....
Otros datos interesantes:
....
....

B. Busca información sobre una persona relevante del mundo académico o empresarial de tu país y escribe un pequeño texto en tu cuaderno contando a qué se dedica, qué está haciendo actualmente y qué planes de futuro tiene.

16. Vocabulario de la unidad

Haz en tu cuaderno un mapa mental con el vocabulario que has aprendido en esta unidad. Aquí tienes una propuesta.

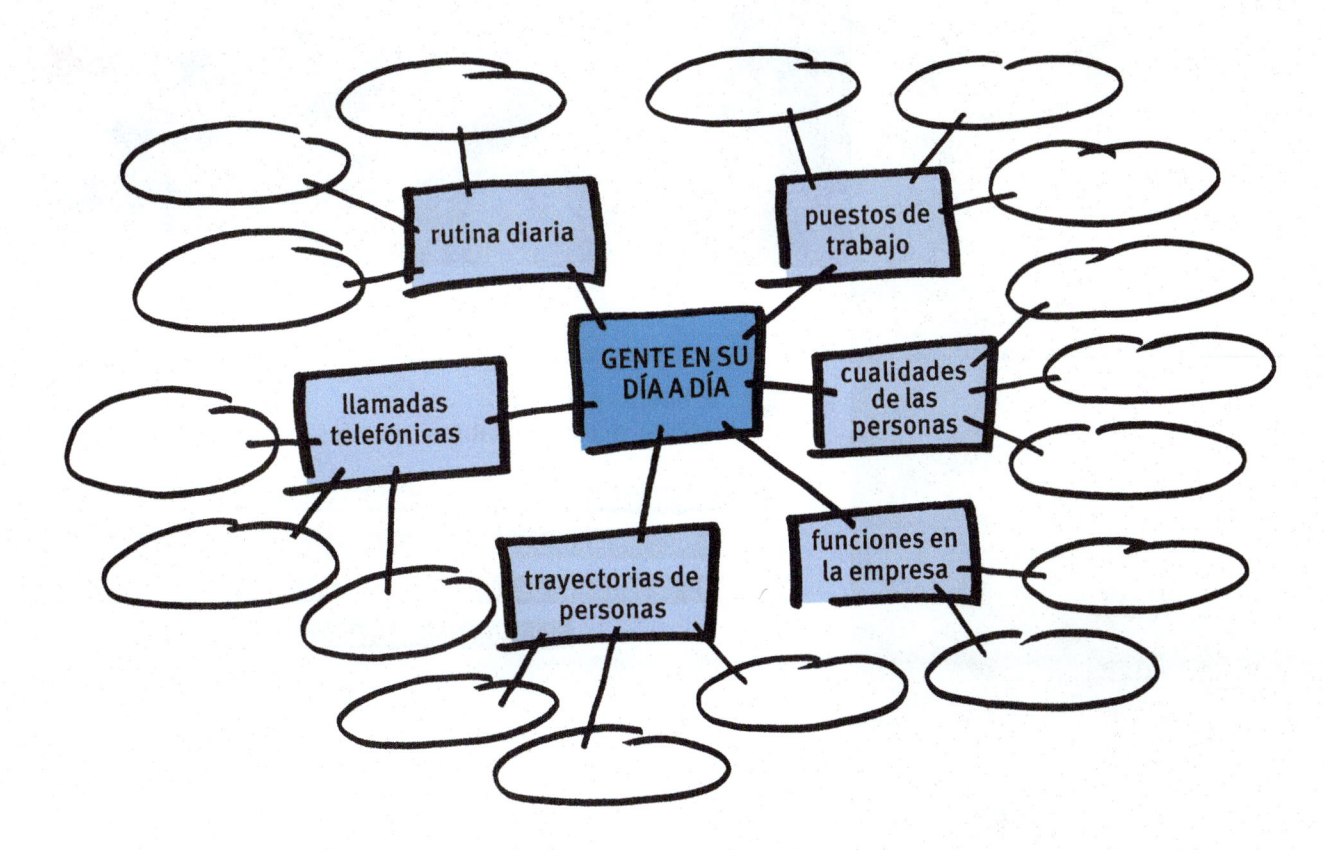

Mapa mental — **GENTE EN SU DÍA A DÍA**:
- rutina diaria
- puestos de trabajo
- llamadas telefónicas
- cualidades de las personas
- trayectorias de personas
- funciones en la empresa

GENTE EN SU DÍA A DÍA

cuarenta y siete 47

3
gente y trayectorias

1. Primeras palabras
2. Verbos para la historia
3. Ampliación del canal de Panamá
4. La Ciudad BBVA
5. Comparar marcas
6. Acontecimientos en la economía
7. Más datos
8. Acontecimientos en el mundo de la empresa
9. Datos y más datos
10. Biografía de un/a empresario/a
11. Esta semana, ayer...
12. Jóvenes emprendedores
13. Inicios de la actividad empresarial de Amancio Ortega
14. Historia de los Paradores de Turismo de España
15. Historia de una empresa de tu país
16. Mobiliario de oficina
17. Frases de relativo
18. De mudanza en la empresa
19. La feria es muy grande
20. Vocabulario de la unidad

❶ Primeras palabras
Fíjate en estas palabras. ¿Puedes asociarlas con las imágenes?

muerte de Fidel Castro ....   entrada de España en la Unión Europea ....
restablecimiento de las relaciones diplomáticas entre EE.UU. y Cuba ....
comienzo del reinado de Felipe VI ....   inauguración de los Juegos Olímpicos ....
creación del Mercado Común del Sur ....

48 cuarenta y ocho

ejercicios 3

GENTE Y TRAYECTORIAS

2 Verbos para la historia LA 1
Completa la tabla.

	empezar	celebrar	entrar	terminar	inaugurar	morir
yo	....	....	....	....	....	....
tú	....	....	....	....	....	....
él, ella, usted	empezó	....	entró	....	inauguró	murió
nosotros/as	....	....	....	....	....	....
vosotros/as	....	....	....	....	....	....
ellos, ellas, ustedes	....	celebraron	....	terminaron	....	....

3 Ampliación del canal de Panamá LA 3
Conjuga estos dos verbos irregulares que aparecen en el texto de la actividad 3 de la página 26. ¿Qué otro verbo irregular aparece en el texto?

	ser	hacer
yo	....	....
tú	....	....
él, ella, usted	....	....
nosotros/as	....	....
vosotros/as	....	....
ellos, ellas, ustedes	....	....

ALGUNOS VERBOS IRREGULARES

poder → pud-
poner → pus-
tener → tuv-
estar → estuv-
querer → quis-
hacer → hic-
haber → hubo

-e
-iste
-o
-imos
-isteis
-ieron

4 La Ciudad BBVA LA 4
Clasifica estas palabras y expresiones que aparecen en el texto de la Ciudad BBVA (actividad 4 de la página 27).

- trabajo en equipo
- edificio principal de 19 plantas
- zonas verdes
- colaboración y simplificación de tareas
- aparcamiento
- almacén
- uso de nuevas tecnologías
- guardería
- centro deportivo

Formas de trabajo modernas	Espacios	Servicios
trabajo en equipo		

cuarenta y nueve **49**

3 ejercicios

GENTE Y TRAYECTORIAS

5 Comparar marcas `LA 5`
Piensa en dos marcas que conoces y que elaboran productos parecidos (por ejemplo, Mercedes y Škoda, Samsung y Apple, etc.), y escribe frases para compararlas.

1. ....
2. ....
3. ....
4. ....

6 Acontecimientos en la economía `LA 5`
En tu cuaderno, escribe frases como la del ejemplo, con los siguientes elementos y los verbos de la derecha conjugados en pretérito indefinido.

1. SEAT / el primer Seat 600 / 1957: SEAT fabricó el primer Seat 600 en 1957.
2. 2017 / España / casi 84 millones de turistas.
3. Ana Patricia Botín / dirigir el Banco Santander / 2014.
4. El mexicano Carlos Slim / segundo hombre más rico del mundo / 2008.
5. Liliana Sacaza / joven empresaria de la moda / en Honduras.

`ser` `fabricar` `nacer` `empezar a` `visitar`

7 Más datos `LA 3, 4 y 5`
A. Relaciona las imágenes con su información correspondiente.

① ② ③ ④

....

☐ En el año 2007 **comenzó** la ampliación de esta infraestructura.
☐ En 2012 **abrió** su primera tienda en China.
☐ Panamá **celebró** una gran fiesta el día de su inauguración.
☐ En 2015 España **exportó** a EE. UU. casi 86 000 toneladas de este producto.
☐ Esta cafetería **abrió** en Madrid en 1894.
☐ En el siglo XI antes de Cristo los fenicios **llevaron** este producto a la Península Ibérica.
☐ La sostenibilidad del edificio **fue** un reto muy importante en su construcción.
☐ La empresa **se mudó** a esta nueva sede en 2015.
☐ La producción del año 2014 **fue** una de las mejores de la historia en Andalucía.
☐ **Trabajaron** en el proyecto arquitectos de diferentes nacionalidades.
☐ En su establecimiento en China, **tuvieron que** adaptar el producto (los churros) al gusto asiático.

B. Escribe debajo de cada imagen del apartado anterior el pie de foto que le corresponde.

`El aceite de oliva` `La Chocolatería San Ginés` `El edificio La Vela` `La ampliación del canal de Panamá`

ejercicios 3

GENTE Y TRAYECTORIAS

8. Acontecimientos en el mundo de la empresa LA 1, 3, 5 y 6
Completa la tabla con los verbos y sustantivos correspondientes.

Verbo	Sustantivo
ampliar	ampliación
construir	....
....	inauguración
presentar	....
....	participación

Verbo	Sustantivo
....	apertura
entregar	....
....	lanzamiento
....	celebración
diseñar	....

9. Datos y más datos LA 5

A. Marca si las siguientes frases son verdaderas o falsas. Si es necesario, consulta en internet.

V F

☐ ☐ 1. El **diseño** del logo de Chupa Chups es de Picasso.

☐ ☐ 2. La **apertura** de la primera tienda de Mango fue en 1990.

☐ ☐ 3. La **entrega** de los premios Príncipe de Asturias tiene lugar todos los años en Málaga.

☐ ☐ 4. Detrás del **lanzamiento** de nuevos productos, casi siempre hay una estrategia de marketing.

☐ ☐ 5. A las **presentaciones** de nuevos productos, generalmente se invita a la prensa.

B. Escribe en tu cuaderno frases con los sustantivos en negrita del apartado A.

10. Biografía de un/a empresario/a LA 5
Imagina y escribe una pequeña biografía de un/a empresario/a con una larga trayectoria profesional, con los verbos propuestos.

nacer   estudiar   comenzar   fundar   innovar   conseguir

cincuenta y uno 51

3 ejercicios

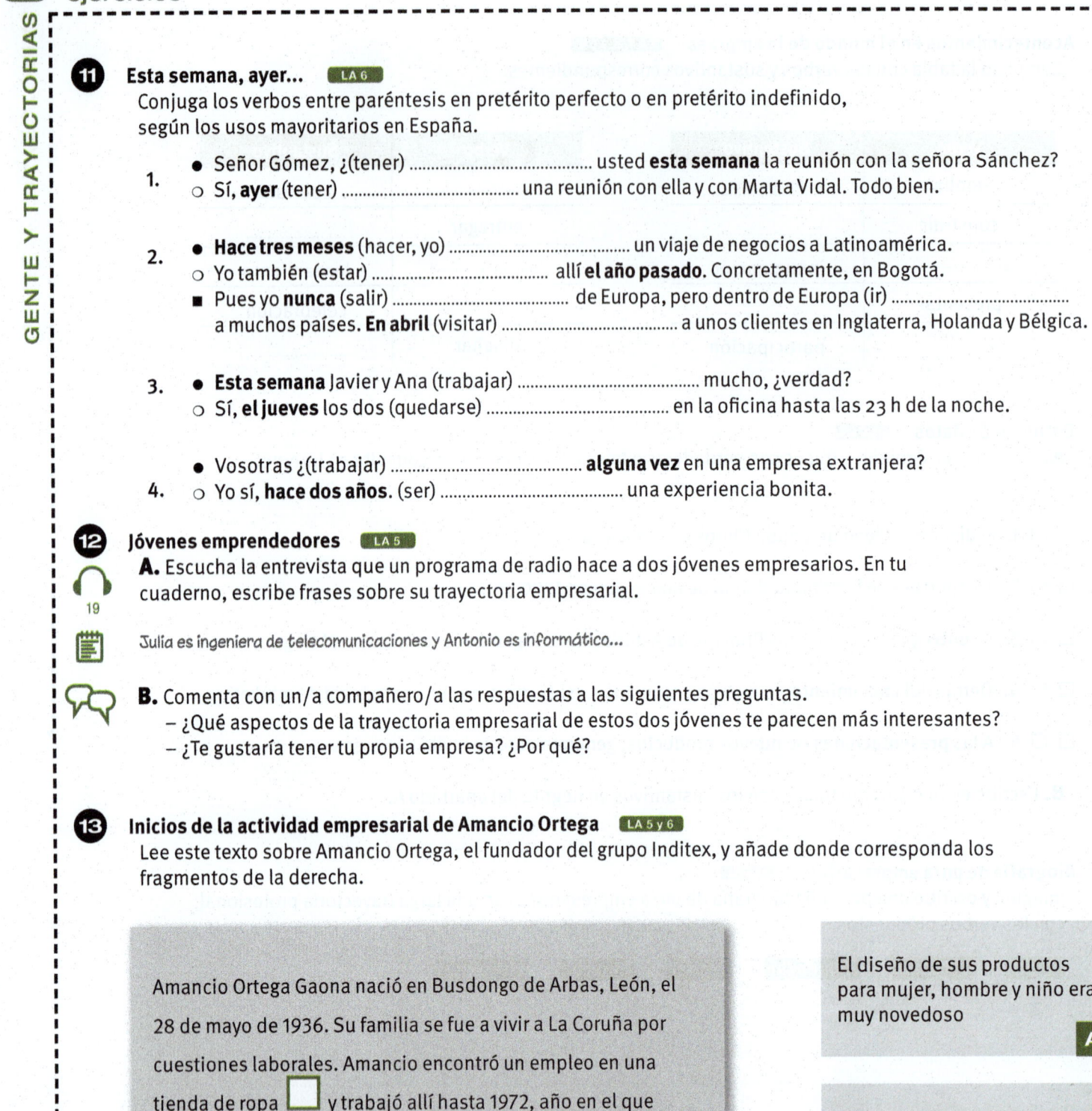

GENTE Y TRAYECTORIAS

11 Esta semana, ayer... `LA 6`
Conjuga los verbos entre paréntesis en pretérito perfecto o en pretérito indefinido, según los usos mayoritarios en España.

1.
- Señor Gómez, ¿(tener) .... usted **esta semana** la reunión con la señora Sánchez?
- Sí, **ayer** (tener) .... una reunión con ella y con Marta Vidal. Todo bien.

2.
- **Hace tres meses** (hacer, yo) .... un viaje de negocios a Latinoamérica.
- Yo también (estar) .... allí **el año pasado**. Concretamente, en Bogotá.
- Pues yo **nunca** (salir) .... de Europa, pero dentro de Europa (ir) .... a muchos países. **En abril** (visitar) .... a unos clientes en Inglaterra, Holanda y Bélgica.

3.
- **Esta semana** Javier y Ana (trabajar) .... mucho, ¿verdad?
- Sí, **el jueves** los dos (quedarse) .... en la oficina hasta las 23 h de la noche.

4.
- Vosotras ¿(trabajar) .... **alguna vez** en una empresa extranjera?
- Yo sí, **hace dos años**. (ser) .... una experiencia bonita.

12 Jóvenes emprendedores `LA 5`

A. Escucha la entrevista que un programa de radio hace a dos jóvenes empresarios. En tu cuaderno, escribe frases sobre su trayectoria empresarial.

Julia es ingeniera de telecomunicaciones y Antonio es informático...

B. Comenta con un/a compañero/a las respuestas a las siguientes preguntas.
– ¿Qué aspectos de la trayectoria empresarial de estos dos jóvenes te parecen más interesantes?
– ¿Te gustaría tener tu propia empresa? ¿Por qué?

13 Inicios de la actividad empresarial de Amancio Ortega `LA 5 y 6`
Lee este texto sobre Amancio Ortega, el fundador del grupo Inditex, y añade donde corresponda los fragmentos de la derecha.

Amancio Ortega Gaona nació en Busdongo de Arbas, León, el 28 de mayo de 1936. Su familia se fue a vivir a La Coruña por cuestiones laborales. Amancio encontró un empleo en una tienda de ropa ☐ y trabajó allí hasta 1972, año en el que creó la compañía Confecciones GOA, S. A., ☐ Con el tiempo, Amancio Ortega inauguró su primera tienda Zara en una calle comercial de La Coruña. ☐ , y las ventas crecieron rápidamente, razón por la que el empresario pensó en abrir más tiendas con el mismo nombre.

A El diseño de sus productos para mujer, hombre y niño era muy novedoso

B que estaba en el centro de la ciudad

C que se dedicaba exclusivamente a la confección de batas.

ejercicios 3

14 Historia de los Paradores de Turismo de España `LA 6`

Completa el texto con los verbos entre paréntesis en pretérito perfecto, pretérito indefinido o pretérito imperfecto.

Ochenta y cinco años al servicio del turismo español

La historia de los Paradores de Turismo de España (**comenzar**) .... en 1910 cuando el Gobierno de España le pidió al marqués de la Vega Inclán crear una estructura hotelera para mejorar la imagen internacional de España, que en aquella época no (**ser**) .... muy buena. En 1928, se (**abrir**) .... el primer parador, y fue el rey Alfonso XIII quien escogió el lugar, que (**encontrarse**) .... en la Sierra de Gredos, entre Madrid y Ávila. En los años siguientes los paradores (**llegar**) .... a muchos puntos del territorio español.

Durante la Guerra Civil algunos de los edificios (**convertirse**) .... en hospitales u otras instalaciones. Sin embargo, cuando terminó la guerra, el proyecto continuó. El mayor crecimiento tuvo lugar en la década de los 60: se abrieron 43 nuevos paradores. Ya había 83 paradores en total.

Del 2008 al 2016, debido a la crisis económica, la empresa pasó por una situación difícil, pero el año 2017 (**traer**) .... un beneficio de 17,5 millones de euros.

En los últimos años, para atraer a los clientes más exigentes, los paradores (**ofrecer**) .... una oferta gastronómica excepcional, con productos locales y también con una cocina original e innovadora.

En los próximos cuatro años la empresa desea invertir 168 millones de euros y planea abrir cinco paradores nuevos.

Fuente: www.paradores.es

Parador de Santo Estevo (Galicia)    Parador de Cardona (Cataluña)

15 Historia de una empresa de tu país `LA 6`

Escribe la historia de una empresa de tu país, con algunos datos de la biografía de su fundador/a. Utiliza el imperfecto y el indefinido.

3 ejercicios

16 Mobiliario de oficina LA 7, 8

Mira el plano de esta oficina, en la que van a trabajar seis personas. ¿Qué muebles y objetos crees que van a necesitar y en qué cantidad? Haz una lista con un/a compañero/a. ¿Dónde los vais a poner?

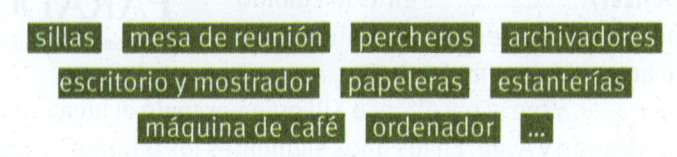

- sillas
- mesa de reunión
- percheros
- archivadores
- escritorio y mostrador
- papeleras
- estanterías
- máquina de café
- ordenador
- ...

• Podemos poner una mesa de reunión en el despacho 1 y...

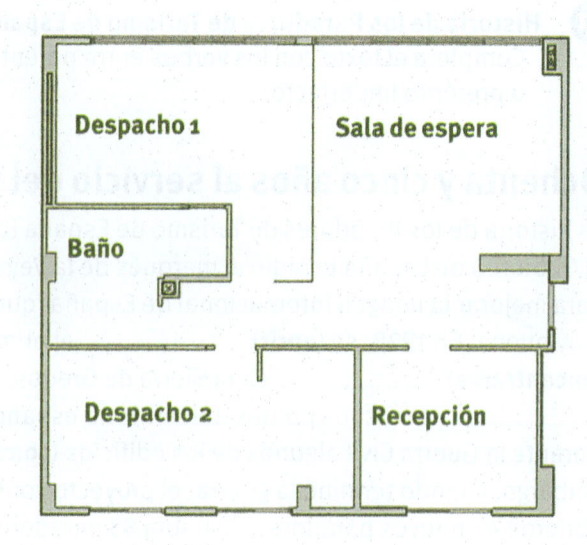

17 Frases de relativo LA 7

A. Completa las siguientes definiciones como en el modelo.

1. Garaje: parte de un edificio ...*donde*... / ...*en la que*... se aparcan coches y motos.

2. Despacho: lugar .... / .... se estudia o se trabaja y .... / .... normalmente hay un escritorio y estanterías.

3. Recepción: parte de un edificio .... / .... se atiende a las personas que llegan.

4. Baño: lugar .... / .... hay un lavabo y un wc.

B. Haz frases de relativo para describir otras dos partes de una oficina.

1. ....
2. ....

18 De mudanza en la empresa LA 7, 8

Escucha a la Directora General de una empresa hablando con su secretario y anota en la tabla qué muebles y objetos hay que colocar en estos lugares de las nuevas oficinas.

Recepción	Despacho de la Directora General	Despacho del secretario de la Directora General

54 cincuenta y cuatro

ejercicios 3

GENTE Y TRAYECTORIAS

19. La feria es muy grande

Escucha la conversación telefónica y marca en el plano el camino para llegar al *stand* de la empresa Inovamás.

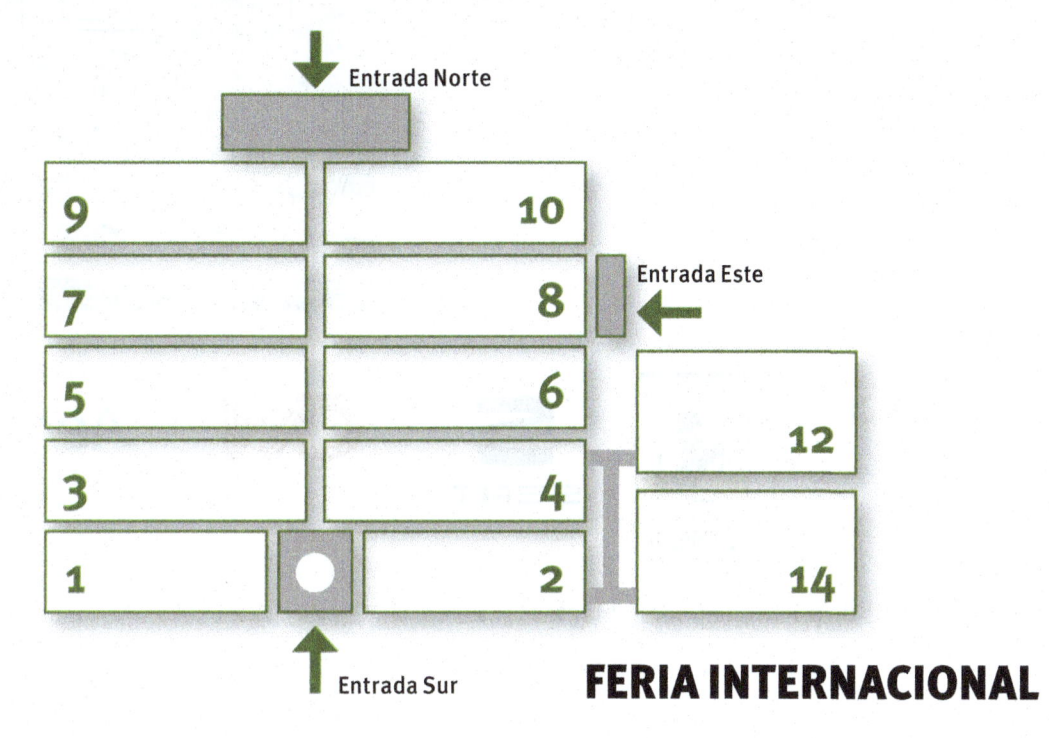

Entrada Norte

| 9 | 10 |
| 7 | 8 | Entrada Este
| 5 | 6 | 12
| 3 | 4 |
| 1 | 2 | 14

Entrada Sur

FERIA INTERNACIONAL

20. Vocabulario de la unidad

Haz en tu cuaderno un mapa mental con el vocabulario que has aprendido en esta unidad. Aquí tienes una propuesta.

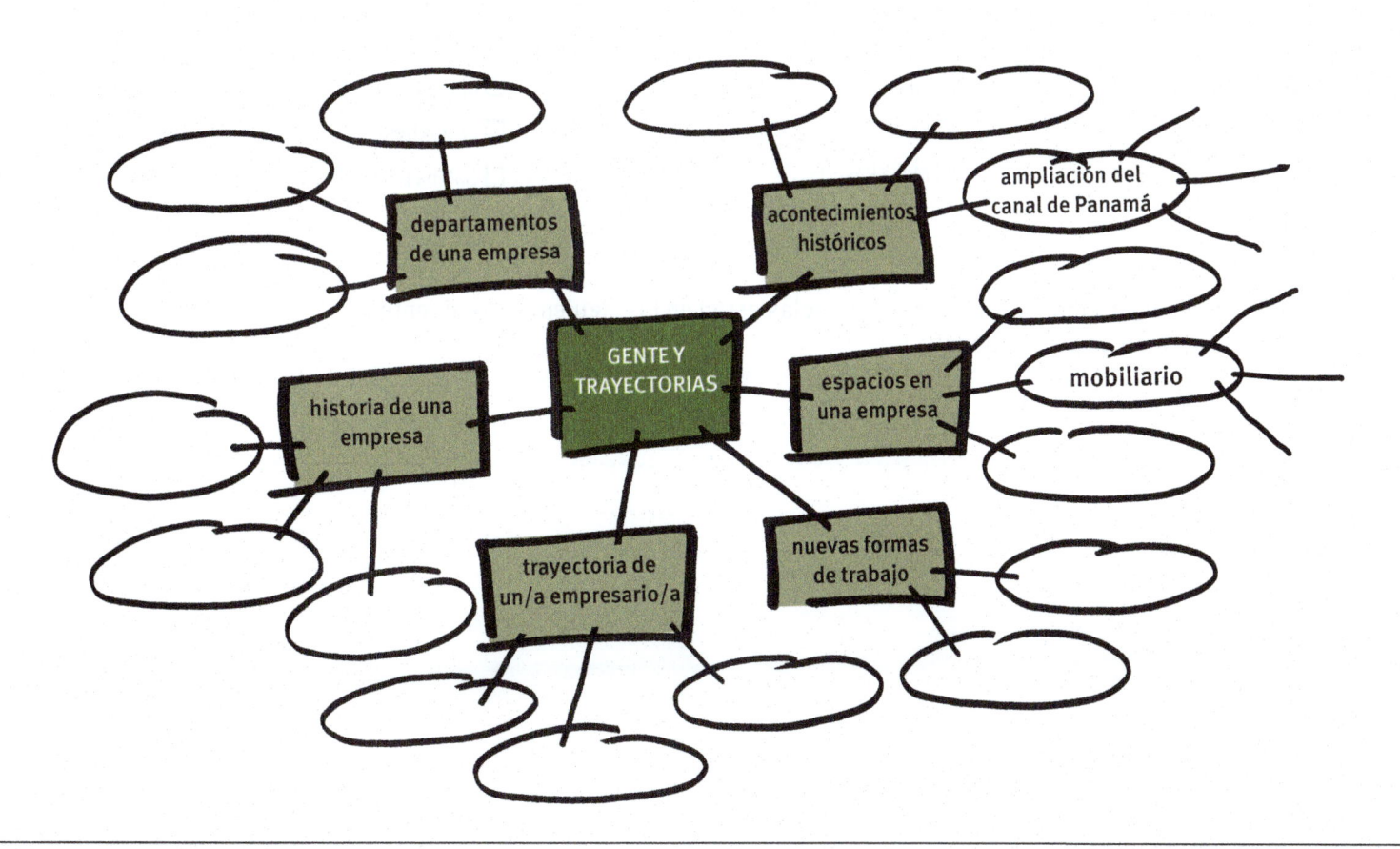

- departamentos de una empresa
- acontecimientos históricos — ampliación del canal de Panamá
- historia de una empresa
- GENTE Y TRAYECTORIAS
- espacios en una empresa — mobiliario
- trayectoria de un/a empresario/a
- nuevas formas de trabajo

cincuenta y cinco 55

GENTE EN EL TRABAJO

ficha de trabajo con el vídeo ①

Antes de ver el vídeo

1. ¿Cuáles de estas empresas son españolas? Coméntalo con un/a compañero/a.

- ¿Ferrari es italiana o es española?
- Yo creo que es italiana, ¿no?

PRONOVIAS BARCELONA — Ferrari — SEAT — CNN — Aerolíneas Argentinas

2. ¿Conoces otras empresas de países hispanohablantes? ¿Cuáles?

Durante el visionado del vídeo

3. Mira el vídeo y haz una cruz en las marcas que ves.

- ☐ Imaginarium
- ☐ Renfe
- ☐ El Corte Inglés
- ☐ Cola Cao
- ☐ Desigual
- ☐ Massimo Dutti
- ☐ Vueling
- ☐ Tous
- ☐ Xti
- ☐ Meliá Resorts
- ☐ Movistar
- ☐ Banco Santander
- ☐ Mango
- ☐ Springfield
- ☐ Gallina Blanca

4. Vuelve a ver el vídeo. ¿Qué empresas o marcas españolas están en los siguientes continentes? Escribe al menos tres marcas por continente.

Europa: ....

América: ....

Asia: ....

56 cincuenta y seis

Después de ver el vídeo

5. Clasifica algunas de las empresas del vídeo por sectores (tres por sector como mínimo). Busca en internet si lo necesitas.

Alimentación	
Moda	
Transporte	
Turismo	

6. ¿Qué tipos de empresa son las que has anotado en la tabla de la actividad 5?

- una empresa ferroviaria
- una cadena de tiendas de moda
- un restaurante de comida rápida
- una cadena de hoteles
- una cadena de tiendas de juguetes
- un centro comercial
- una compañía aérea
- una joyería
- etc.

● Renfe es una empresa ferroviaria, ¿no?
○ Sí.

7. ¿Y en tu país? Escribe el nombre de empresas que corresponden a los siguientes tipos.

– un centro comercial: ....
– una compañía de seguros: ....
– un banco: ....
– una empresa de construcción: ....
– una empresa de telecomunicaciones: ....
– una compañía aérea: ....
– una editorial: ....
– una cadena de hoteles: ....
– una empresa petroquímica: ....
– una empresa ferroviaria: ....
– una empresa de alimentación: ....

GENTE EN EL TRABAJO

cincuenta y siete **57**

ficha de trabajo con el vídeo ②

Antes de ver el vídeo

1. Habla con un/a compañero/a del grupo y responde a las siguientes preguntas.

a. ¿Crees que es fácil para un padre y una madre que trabajan a tiempo completo y que tienen tres hijos de 7, 6 y 1 año conciliar la vida familiar y la laboral? ¿Por qué?

b. En tu país, ¿es normal ver a hombres que hacen tareas de la casa y que cuidan de sus hijos? ¿Sabes si el tiempo que dedican ellos es similar al que dedican ellas a esos fines?

● En mi país las madres normalmente hacen más cosas en casa y cuidan más de sus hijos, aunque eso está cambiando.

2. Ahora marca en la tabla con qué frecuencia haces las siguientes tareas de la casa. Después, haced una puesta en común con el resto del grupo.

		Nunca	A veces	A menudo	Siempre
hacer la compra					
limpiar					
planchar					
poner lavadoras					
lavar los platos y recoger la cocina					
cocinar					

Durante el visionado del vídeo

3. Ve el vídeo y marca las actividades de la siguiente lista que el padre ha realizado a lo largo del día. Luego, anota qué otras actividades ha hecho.

☐ Ha trabajado.
☐ Ha salido de trabajar.
☐ Ha ido al gimnasio.
☐ Ha hecho la compra.
☐ Ha recogido a sus tres hijos.
☐ Ha limpiado toda la casa.
☐ Ha hecho los deberes del colegio con una hija.
☐ Ha jugado con su hijo pequeño.

☐ Ha planchado.
☐ Le ha cambiado el pañal al bebé.
☐ Ha preparado la cena para sus tres hijos.
☐ Ha metido en la cama a los niños.
☐ ....
☐ ....
☐ ....

Después de ver el vídeo

4. Comenta con un/a compañero/a las respuestas a estas preguntas.

a. ¿Por qué crees que el padre mira varias veces el reloj?

b. ¿Por qué ha decidido ese día precisamente salir del trabajo antes y dedicarse al cuidado de los niños y de la casa?

5. Comentad en pequeños grupos qué mensajes transmiten las siguientes frases, que aparecen al final del vídeo. ¿Estáis de acuerdo con esos mensajes?

> No hace falta una final para que lo des todo por el equipo.

> La corresponsabilidad en el hogar sigue siendo uno de los mayores retos de nuestra sociedad.

> No podemos plantearnos como extraordinario lo que debería ser habitual.

> ¿Qué mejor motivación para el día a día que nuestra propia familia? Si quieres, puedes.

● El mensaje del vídeo es que...

6. En grupos, comentad las respuestas a estas preguntas.

a. ¿Pensáis que en el futuro los hombres van a dedicar más tiempo a sus hijos y a las tareas de casa? Si es así, ¿nuestra sociedad sería más justa?

b. ¿Crees que para los niños es bueno tener más contacto con sus padres? ¿Por qué?

ficha de trabajo con el vídeo ③

Antes de ver el vídeo

1. ¿Has trabajado alguna vez? ¿Dónde? ¿Qué puesto/s has tenido? Coméntalo con un/a compañero/a.

Durante el visionado del vídeo

2. Vas a ver un vídeo donde los empleados de la empresa SEAT hablan de su trabajo. Marca en la tabla los aspectos que se mencionan.

	Sí	No
Ambiente laboral		
Sueldo		
Profesionalidad		
Igualdad de oportunidades (hombres y mujeres)		
Horario laboral		
Motivación y desarrollo personal		
Promoción y formación profesional		
Seguridad y estabilidad		
Localización de la empresa		
Interculturalidad		
Turnos de trabajo		
Desarrollo de proyectos		
Vacaciones		
Integración laboral		

3. Vuelve a ver el vídeo. ¿Qué dice cada empleado/a sobre lo que le gusta de la empresa SEAT? Relaciona cada foto con el comentario correspondiente.

1 Jorge Sánchez

2 Sandra Rodríguez

3 Ekaterina Kuzmina

4 Marta Martínez

A "Lo que me gusta de mi trabajo es la oportunidad de conocer distintas culturas".

B "SEAT ha formado parte de mi pasado, es mi presente y espero que mi futuro".

C "... no es solo trabajo, sino que también es parte de mi vida".

D "Una cosa que valoro mucho es poder trabajar hombres y mujeres al igual".

4. ¿Qué comentan sobre su trabajo estas dos personas? Escríbelo.

Sergio Crespo ....

Gerhard Lux ....

Después de ver el vídeo

5. Con dos compañeros/as, responde a las siguientes preguntas.

a. ¿Te gustaría trabajar en SEAT? ¿Por qué?

b. ¿Qué otras empresas de coches conoces? Compara sus coches con los modelos de SEAT.

c. ¿Qué aspectos de un trabajo valoras más? ¿Por qué?

● A mí me gustaría trabajar en SEAT porque parece una empresa muy profesional. Además, el ambiente es muy bueno.
○ A mí también me gustaría trabajar en SEAT porque...

GENTE Y TRAYECTORIAS **3**

CULTURA

1. El español, una lengua internacional
2. Las lenguas en los países hispanohablantes
3. España: geografía y economía
4. La riqueza geográfica y económica de Hispanoamérica
5. Algunas ciudades de países hispanos
6. Biografías de artistas latinoamericanos y su aportación a la economía naranja
7. Historia de la independencia de los países hispanoamericanos
8. Grandes personalidades de la economía de los países hispanohablantes
9. Algunos apuntes sobre hechos culturales, hábitos y costumbres de los países hispanohablantes

1. EL ESPAÑOL, UNA LENGUA INTERNACIONAL

¿Dónde se habla?
El español o castellano es lengua oficial en España, Guinea Ecuatorial y en 19 países del continente americano. En EE. UU. tiene más de 50 millones de hablantes y es la segunda lengua más hablada después del inglés.

¿Español o castellano?
Según la Real Academia de la Lengua, los dos términos designan la lengua común de España, Guinea Ecuatorial y 19 países del continente americano. En el contexto internacional, se usa más la palabra *español*. Sin embargo, en España generalmente se utiliza la palabra *castellano*, ya que existen otras tres lenguas oficiales junto con el español en sus respectivas regiones: el catalán, el vasco y el gallego. También en algunos países latinoamericanos se prefiere utilizar el término *castellano*, que hace referencia al origen de la lengua (la Castilla medieval, en España).

Una lengua románica que está de moda
El español es una lengua románica, como el francés, el portugués o el italiano. ¡Y está de moda! Cada vez más jóvenes lo estudian y lo hablan. Algunas palabras y expresiones españolas son muy conocidas e incluso forman parte del habla cotidiana de algunos países.

amigo ¡hola! siesta ¡hasta la vista! fiesta jamón paella ¡olé! ¡muchas gracias!

Algunos datos sobre el español

- En 2017, más de 477 millones de personas tienen el español como lengua materna.
- Es la segunda lengua materna del mundo por número de hablantes, después del chino mandarín. Este porcentaje de hablantes aumenta cada año.
- Más de 21 millones de alumnos estudian español como lengua extranjera.
- En el ámbito económico internacional, es la segunda lengua más importante del mundo.
- Es la tercera lengua más utilizada en la red. El 7,7 % de los usuarios de internet se comunica en español.

¡Qué interesante!
Aunque no es exclusiva del español, la letra **ñ** es una de las principales características de esta lengua.

Fuente: *El español: una lengua viva*. Informe 2017 (Instituto Cervantes)

A. Antes de leer el texto: ¿qué sabes del español? ¿Sabes en qué países es lengua oficial y en qué países no lo es, pero se habla mucho?

B. Lee el texto y responde a estas preguntas sobre el español.

1. ¿Cuántas personas lo tienen como lengua materna?
2. ¿En cuántos países del mundo es lengua oficial?
3. ¿Es un idioma importante en EE. UU.? ¿Por qué?
4. ¿Por qué según el texto esta lengua "está de moda"?

C. ¿A qué familia de lenguas pertenece tu lengua materna? ¿Cuántos millones de personas la hablan? ¿En qué países? Coméntalo con un/a compañero/a.

sesenta y tres 63

CULTURA

2. LAS LENGUAS EN LOS PAÍSES HISPANOHABLANTES

La diversidad lingüística en España

El español o castellano
Familia lingüística: lenguas románicas.
Oficial en: todo el Estado español.
Número de hablantes: aproximadamente 46 000 000 (en España).

El gallego
Familia lingüística: lenguas románicas.
Nombre en gallego: galego.
Oficial en: la comunidad autónoma de Galicia.
Número de hablantes: 2 800 000.

64 sesenta y cuatro

CULTURA

El vasco
Familia lingüística: no pertenece a ninguna familia conocida.
Nombre en vasco: euskara.
Oficial en: las comunidades autónomas de Navarra y el País Vasco.
Número de hablantes: la hablan de forma activa aproximadamente 700 000 personas y la entienden aproximadamente 1 100 000.

El catalán
Familia lingüística: lenguas románicas.
Nombre en catalán: català.
Oficial en: las comunidades autónomas de Cataluña, la Comunidad Valenciana (allí se llama valenciano o valencià) y las Islas Baleares.
Número de hablantes: casi 10 000 000.

Artículo 3 de la Constitución española
1. El castellano es la lengua española oficial del Estado. Todos los españoles tienen el deber de conocerla y el derecho a usarla.
2. Las demás lenguas españolas serán también oficiales en las respectivas Comunidades Autónomas de acuerdo con sus Estatutos.
3. La riqueza de las distintas modalidades lingüísticas de España es un patrimonio cultural que será objeto de especial respeto y protección.

A. Mira el mapa, lee los textos y subraya toda la información nueva para ti. Luego, coméntalo con tus compañeros/as.

• El vasco es lengua oficial también en Navarra, eso es nuevo para mí.

B. Completa la siguiente tabla.   bos días   agur   moltes gràcies

En español o castellano	En catalán	En vasco	En gallego
buenos días	bon dia	egunon	....
adiós	adéu	....	adeus
muchas gracias	....	eskerrik asko	moitas grazas

C. En grupos, buscad en internet las respuestas a las siguientes preguntas. Si no encontráis la respuesta, podéis preguntarle a vuestro/a profesor/a.

1. ¿Desde cuándo se reconoce que el catalán, el gallego y el vasco son lenguas oficiales en sus respectivas comunidades autónomas?
2. ¿Los ciudadanos de Cataluña, el País Vasco o Galicia pueden aprender las lenguas de sus respectivas comunidades y el castellano en la escuela?

D. Y en tu país, ¿cuántas lenguas oficiales hay? ¿Se aprenden en la escuela?

sesenta y cinco **65**

CULTURA

La diversidad lingüística en Hispanoamérica

El español es la lengua más hablada en América, ya que se habla en los 19 países hispanohablantes, desde México hasta Chile y Argentina.

Pero, además del español, en muchos países de Hispanoamérica se hablan numerosas lenguas originarias. En Perú se hablan más de sesenta lenguas; en Colombia, unas setenta; y en Bolivia, unas treinta. De las más de mil lenguas indígenas que se hablan en la actualidad en América, estas son las que tienen un mayor número de hablantes:

El maya
Se habla en: zonas de México como el Yucatán y en el norte de Guatemala.
Número de hablantes: aproximadamente 6 000 000.
Palabras en español que vienen del maya: *cigarro*, *campechano*, etc.

El aimara
Se habla en: Bolivia, Perú y Chile. En los dos primeros países es lengua oficial.
Número de hablantes: entre 2 500 000 y 3 000 000.
Palabras en español que vienen del aimara: hay muy pocas y se usan sobre todo en los países de origen.

El quechua
Era el idioma oficial del antiguo imperio inca y es la lengua indígena con mayor número de hablantes.
Se habla en: Ecuador, Perú, Bolivia, parte de Colombia y el norte de Argentina. Es lengua oficial junto con el español en los tres primeros países.
Número de hablantes: aproximadamente 12 000 000.
Palabras en español que vienen del quechua: *coca*, *puma*, etc.

¡Qué interesante!
En Bolivia y en Guatemala la población indígena supera el 50 %.

A. Antes de leer el texto: ¿sabes qué otras lenguas aparte del español se hablan en Hispanoamérica? ¿Sabes si son lenguas oficiales en los países en los que se hablan?

B. Mira el mapa, lee los textos y responde a las siguientes preguntas.

1. ¿Cuáles son las cinco lenguas indígenas más habladas en Hispanoamérica?
2. ¿Las lenguas indígenas son lenguas oficiales en los países donde se hablan?

El náhuatl
Se habla en: México, Guatemala y El Salvador.
Número de hablantes: aproximadamente 2 000 000.
Palabras en español que vienen del náhuatl: *cacao*, *tomate*, etc.

El guaraní
Se habla en: Brasil, Paraguay, el norte de Argentina y el este de Bolivia. En Paraguay es lengua oficial junto con el español.
Número de hablantes: aproximadamente 10 000 000.
Palabras en español que vienen del guaraní: *jaguar*, *ñandú*, etc.

¡Qué interesante!

En muchos barrios latinos de EE. UU. se habla el *espanglish*, que mezcla elementos léxicos y gramaticales del español y del inglés.
Es una marca de identidad entre los latinos. No se considera una lengua ni un dialecto, y varía según los barrios y las ciudades.

California es el estado con mayor población de latinos

C. ¿En tu lengua existen algunas de las palabras mencionadas en los textos que provienen de lenguas indígenas de Latinoamérica? Coméntalo con un/a compañero/a.

• En alemán también tenemos las palabras "tomate" y "puma".

D. ¿Qué lenguas se hablan en tu país? ¿Cuál es su origen? ¿Quién las habla?

CULTURA

3. ESPAÑA: GEOGRAFÍA Y ECONOMÍA

Datos básicos

Capital: Madrid
Superficie: 505 370 km²
Moneda: euro (€)
Lenguas oficiales: castellano, catalán, vasco y gallego
Población: 46,5 millones
PIB per cápita US$: 38 200

Situación geográfica
España se encuentra al suroeste de Europa en la Península Ibérica. Forman parte de España las Islas Canarias (situadas en el océano Atlántico), las Islas Baleares (en el mar Mediterráneo) y Ceuta y Melilla, dos ciudades que están en el norte de África. España hace frontera con Portugal, al oeste, y con Francia y Andorra, al norte.

Clima
España se encuentra en la zona climática templada de la Tierra. Tiene diferentes tipos de climas: atlántico, continental, subtropical y mediterráneo. Esta diversidad de climas ocasiona una gran variedad de paisajes, con grandes diferencias entre zonas de costa, del interior o de montaña.

Asturias, paisaje típico de la España de clima atlántico

Ibiza, paisaje típico de la España de clima mediterráneo

Ríos, cadenas montañosas y montañas
Los ríos más importantes del país son el Ebro, el Duero, el Tajo, el Guadiana y el Guadalquivir. Las principales zonas de montaña son la cordillera Cantábrica, los Pirineos, la cordillera Ibérica, el Sistema Central y la cordillera Bética. La montaña más alta de España es el Teide. Tiene 3 718 metros y está en Tenerife, en las Islas Canarias.

68 sesenta y ocho

Sistema político y división administrativa

España es un país democrático con monarquía parlamentaria desde el año 1978, y pertenece a la Unión Europea desde el año 1986. Tiene 17 comunidades autónomas y dos ciudades autónomas (Ceuta y Melilla).

Sectores económicos importantes en la economía española

- el turismo
- la industria textil, del metal y del automóvil
- la agricultura: destaca la producción de vino, de aceite, de cítricos y de hortalizas
- las infraestructuras
- la alta tecnología
- las energías renovables
- la pesca

La Alhambra (Granada), el monumento más visitado de España

Parque solar en Manacor, Mallorca

Flota pesquera en Riveira, Galicia

Olivares en Jaén

¡Qué interesante!

España es el segundo país más montañoso de Europa, con mayor media de altitud después de Suiza.

A. Antes de leer el texto, dividíos en tres grupos. Cada grupo hace una lluvia de ideas de lo que sabe sobre uno de estos tres temas. Después, haced una puesta en común.
- la geografía de España
- la economía de España
- el sistema político y la división administrativa de España

B. Lee el texto y completa tus notas de A. ¿Qué información no conocías?

C. Sitúa en el mapa físico estos lugares. Si lo necesitas, puedes buscar en internet.
- el río Ebro
- el río Guadalquivir
- el río Duero
- el río Tajo
- los Pirineos
- la cordillera Cantábrica
- la cordillera Bética
- el Sistema Central
- el Teide

CULTURA

4. LA RIQUEZA GEOGRÁFICA Y ECONÓMICA DE HISPANOAMÉRICA

Denominación de los países hispanohablantes

América Latina y Latinoamérica: hacen referencia al conjunto de países de América con lenguas oficiales que vienen del latín, como el español, el portugués o incluso el francés; por lo tanto, también a países que no son hispanohablantes, como Brasil o Haití.
Hispanoamérica: hace referencia solo a los países americanos en los que el español es lengua oficial.
Iberoamérica: se usa para hablar de los países hispanohablantes y de Brasil, países que un día formaron parte de los reinos de España y Portugal. A veces, también se incluye a España y a Portugal en el término *Iberoamérica*.

División geográfica de los países hispanohablantes

- América del Norte (o Norteamérica)
- América Central (o Centroamérica) y el Caribe
- América del Sur (o Sudamérica)

¡Qué interesante!

Puerto Rico no es un estado independiente, sino un estado asociado a EE. UU. Tiene dos lenguas oficiales: el español y el inglés.

A. Antes de leer el texto, comenta con un/a compañero/a las respuestas a estas preguntas.
- ¿Sabes cuántos países de América tienen el español como lengua oficial?
- ¿Sabes cuál es la diferencia entre las palabras *Iberoamérica*, *Hispanoamérica*, *Latinoamérica* y *América Latina*?

B. Lee texto y comprueba tus respuestas de A. Subraya toda la información que es nueva para ti y coméntalo con un/a compañero/a.

> Para mí hay mucha información nueva. Por ejemplo...

C. En grupos, preparad preguntas basándoos en la información de los países hispanohablantes y haced un concurso en clase.

D. Completa una ficha como la de la derecha con información sobre tu país. Luego, preséntalo en clase.

- Capital
- Superficie
- Moneda
- Lengua/s
- Población
- PIB per cápita US$
- Dominio de internet
- Clima
- Ríos, cadenas montañosas y montañas
- Sistema político y división administrativa
- Sectores económicos más importantes

70 setenta

Datos básicos de los países hispanohablantes de América del Sur

ARGENTINA
Capital: Buenos Aires   **Superficie:** 2 780 400 km²
Moneda: peso argentino
Población: 44 millones
PIB per cápita US$: 10 398
Economía: productos de alta tecnología, producción de energía y manufacturas automovilísticas, agricultura (cereales) y ganadería (vacuno).

Viñedos de la provincia de Mendoza y Aconcagua al fondo

COLOMBIA
Capital: Bogotá   **Superficie:** 1 141 748 km²
Moneda: peso colombiano
Población: 49,5 millones
PIB per cápita US$: 7600
Economía: café, comercio, banca, minería (petróleo).

Plantación de café en Jericó (Colombia)

BOLIVIA
Capital: La Paz / Sucre   **Superficie:** 1 000 099 km²
Moneda: boliviano
Población: 10,5 millones
PIB per cápita US$: 2522
Economía: finanzas, transportes, manufacturas, petróleo, gas natural, agricultura, ganadería y pesca.

La ciudad de Sucre (Bolivia)

CHILE
Capital: Santiago   **Superficie:** 756 102 km²
Moneda: peso chileno
Población: 17,91 millones
PIB per cápita US$: 15 059
Economía: servicios financieros, hostelería y turismo, manufacturas, minería, agricultura y silvicultura.

Desierto de Atacama (Chile)

ECUADOR
Capital: Quito   **Superficie:** 283 560 km²
Moneda: dólar USA
Población: 16,2 millones
PIB per cápita US$: 5269
Economía: comercio, transporte, manufacturas, petróleo, construcción, agricultura y ganadería.

Islas Galápagos (Ecuador)

PERÚ
Capital: Lima   **Superficie:** 1 285 216 km²
Moneda: sol
Población: 32,5 millones
PIB per cápita US$: 6172
Economía: comercio, finanzas, turismo, minería, hidrocarburos, manufacturas y agricultura.

Machu Picchu (Perú)

¡Qué interesante!

¿Sabías que Ecuador es el país con más ríos por kilómetro cuadrado del mundo? Tiene más de 2000 ríos y arroyos.

CULTURA

PARAGUAY
Capital: Asunción **Superficie:** 406 752 km²
Moneda: guaraní
Población: 6,9 millones
PIB per cápita US$: 3905
Economía: comercio, comunicación, transportes, agricultura (especialmente semillas oleaginosas) y ganadería.

Gauchos en Paraguay

URUGUAY
Capital: Montevideo **Superficie:** 176 215 km²
Moneda: peso uruguayo
Población: 3,444 millones
PIB per cápita US$: 14 362
Economía: comercio, hostelería y turismo, manufacturas, construcción, minería, agricultura, ganadería y pesca.

Punta del Este (Uruguay)

VENEZUELA
Capital: Caracas **Superficie:** 916 445 km²
Moneda: bolívar
Población: 31,8 millones
PIB per cápita US$: 7919
Economía: telecomunicaciones, banca, comercio, turismo, petróleo, minería (oro, diamantes y otros metales).

Isla Margarita (Venezuela)

Datos básicos de los países hispanohablantes de América Central y el Caribe

MÉXICO
Capital: México D.F. **Superficie:** 1 964 375 km²
Moneda: peso mexicano
Población: 115 millones
PIB per cápita US$: 9946
Economía: comercio, sector inmobiliario, transportes, minería (oro, plata y otros metales), producción de manufacturas del sector automovilístico y agricultura (aguacate).

Ciudad de México

GUATEMALA
Capital: Ciudad de Guatemala **Superficie:** 108 889 km²
Moneda: quetzal
Población: 16,5 millones
PIB per cápita US$: 3124
Economía: comercio, transporte, textil, agricultura (banano, azúcar y café), ganadería y pesca.

Ciudad de Antigua (Guatemala)

REPÚBLICA DOMINICANA
Capital: Santo Domingo **Superficie:** 48 310 km²
Moneda: peso dominicano
Población: 10,7 millones
PIB per cápita US$: 7153
Economía: comercio, hostelería y turismo, manufacturas, construcción, agricultura y ganadería.

Playa en República Dominicana

EL SALVADOR
Capital: San Salvador **Superficie:** 21 041 km²
Moneda: dólar USA y colón salvadoreño
Población: 6,2 millones
PIB per cápita US$: 3463
Economía: comercio, turismo, Administración pública, manufacturas, minería, agricultura, caza y pesca.

Ruinas mayas de Tazumal, El Salvador

NICARAGUA
Capital: Managua **Superficie:** 130 373 km²
Moneda: córdoba
Población: 6,1 millones
PIB per cápita US$: 2016
Economía: comercio, hostelería y turismo, manufacturas de textiles y de carnes y pescados, agricultura (café y azúcar), ganadería y pesca.

Isla Ometepe (Nicaragua)

HONDURAS
Capital: Tegucigalpa **Superficie:** 112 492 km²
Moneda: lempira
Población: 9,1 millones
PIB per cápita US$: 2210
Economía: comercio, hostelería, maquila (montaje de productos para otros países), agricultura (café) y pesca (camarón).

Iglesia Los Dolores (Tegucigalpa, Honduras)

COSTA RICA
Capital: San José **Superficie:** 51 100 km²
Moneda: colón costarricense
Población: 4,8 millones
PIB per cápita US$: 9792
Economía: comercio, hostelería y turismo, manufactura de equipos médicos, agricultura (plátanos, piñas, café y legumbres).

Puente en la selva (Costa Rica)

CUBA
Capital: La Habana **Superficie:** 109 884 km²
Moneda: peso cubano
Población: 11,6 millones
PIB per cápita US$: 8031
Economía: comercio, servicios sociales, hostelería y turismo, producción de manufacturas, agricultura (caña de azúcar, café y tabaco).

Plaza Vieja (La Habana, Cuba)

PANAMÁ
Capital: Panamá **Superficie:** 75 420 km²
Moneda: balboa
Población: 4 millones
PIB per cápita US$: 115 013
Economía: banca, transportes, turismo, construcción, minería y agricultura (azúcar y café).

Ciudad de Panamá

5. ALGUNAS CIUDADES DE PAÍSES HISPANOS

BARCELONA

Con 1 600 000 habitantes, es la segunda ciudad más poblada de España después de Madrid y la undécima de la Unión Europea.

Ha sido escenario de diversos eventos mundiales, como la Exposición Universal de 1888, la Exposición Internacional de 1929, los Juegos Olímpicos de 1992 y el Fórum Universal de las Culturas de 2004. Desde 2008 es la sede de la Unión por el Mediterráneo.

Lugares de interés: la Sagrada Familia, el Park Güell, el Barrio Gótico, el Museo Picasso.

Economía:
- **PIB per cápita** de 36 157 US$
- **Sectores:** automovilístico, editorial, químico, farmacéutico, logístico, electrónico y servicios (turismo).
- **Más datos:** por su estratégica situación geográfica, el comercio ha sido históricamente el motor de la economía de Barcelona.

Vista aérea de Barcelona

Park Güell

LA HABANA

Es la capital de Cuba y la ciudad más poblada del país: tiene más de 2 100 00 habitantes. La Habana es el centro económico, cultural y turístico de Cuba. Es la sede de los órganos superiores del Estado y del Gobierno y de varios eventos culturales de carácter internacional, como el Festival Internacional de Ballet de La Habana o el Festival de Cine de La Habana.

Lugares de interés: el Capitolio Nacional, el Malecón y el centro histórico de la ciudad.

Economía:
- **PIB per cápita** de 8658 US$
- **Sectores:** automovilístico, alimentación, farmacéutico, biotecnológico y servicios (turismo).
- **Más datos:** La Habana es la sede de casi todas las empresas y asociaciones de ámbito nacional. En la ciudad también hay muchas sucursales o sedes de las entidades extranjeras con representación en Cuba.

Cartel del Festival de Cine de La Habana

SANTIAGO DE CHILE

Es la capital de Chile y el centro económico, cultural y político del país. Tiene aproximadamente 5 400 000 habitantes.

Lugares de interés: el Palacio de la Moneda, la Plaza de Armas, el Cerro Santa Lucía, el Parque Metropolitano, el Barrio Lastarria y el Museo de la Memoria y los Derechos Humanos.

Economía:
- **PIB per cápita** de 12 081 US$
- **Sectores:** finanzas, comercio, hostelería y turismo, e industria.
- **Más datos:** la ciudad se encuentra en un valle rodeado de altas cumbres que en los meses de frío están cubiertas de nieve.

El Palacio de la Moneda

Santiago de Chile

MADRID

Es la capital de España y sede del Gobierno, de las Cortes Generales y de los ministerios. Tiene 3 100 000 habitantes y es la cuarta capital más poblada de Europa.

Muchas empresas extranjeras eligen la Comunidad de Madrid por ser una economía en constante crecimiento, que ofrece múltiples oportunidades de negocio.

Lugares de interés: el Museo del Prado, el Museo Nacional Centro de Arte Reina Sofía, el Museo Thyssen-Bornemisza, el Palacio de Oriente y la Plaza Mayor.

Economía:
- **PIB per cápita** de 39 288 US$
- **Sectores:** servicios (comercio, banca y turismo).
- **Más datos:** sede de la Bolsa española y del IBEX 35. El 40 % de las multinacionales establecidas en España se encuentra en Madrid.

El Congreso de los Diputados

La Plaza Mayor

¡Qué interesante!

Las capitales hispanohablantes más grandes son Buenos Aires, donde viven unos 12 millones de habitantes (en la ciudad y sus alrededores), y Ciudad de México, que tiene unos 20 millones de habitantes y es la segunda ciudad más grande del mundo.

A. ¿Has estado en alguna ciudad del mundo hispanohablante? ¿En cuál/es? ¿Qué puedes decir de ella/s? Coméntalo con un/a compañero/a.

• Yo he estado hace poco en Valencia y me ha encantado...

B. Sitúa en un mapa las ciudades de Barcelona, Madrid, Santiago de Chile y La Habana.

C. Di con qué ciudad relacionas cada uno de estos datos. Luego, lee el texto y comprueba tus respuestas.
1. Es la segunda ciudad más poblada de España.
2. Está rodeada de montañas.
3. Allí tiene lugar un festival de cine muy conocido.
4. Durante siglos, el comercio ha sido su principal actividad económica.
5. Es un destino interesante para las personas a las que les gustan los museos.
6. Tiene un museo dedicado a los Derechos Humanos.

D. Escribe un texto parecido sobre tu ciudad. Luego, hazle preguntas a un/a compañero/a sobre su ciudad.

• ¿Cuál es tu ciudad?
○ Yo soy de Lyon.

CULTURA

6. BIOGRAFÍAS DE ARTISTAS HISPANOHABLANTES Y SU APORTACIÓN A LA ECONOMÍA NARANJA

Mario Vargas Llosa (Arequipa, 1936) es un escritor y periodista peruano. Pasó su infancia entre la ciudad boliviana de Cochabamba y las ciudades peruanas de Piura y Lima. No conoció a su padre hasta los 10 años y nunca tuvo una relación fácil con él.

En 1953, empezó a estudiar Derecho y Letras en una universidad de Lima. Con 18 años se casó con su primera mujer, y tuvo hasta siete trabajos diferentes para poder sobrevivir económicamente.

En 1959, recibió una beca para realizar un doctorado en Madrid. Poco después, se mudó a París, donde vivió varios años. Allí publicó algunos de sus primeros libros, con los que también ganó prestigiosos premios.

En los años siguientes se volvió a casar, tuvo tres hijos y escribió mucho. Durante esos años, residió en las ciudades de París, Lima y Londres.

En 1990, se presentó como candidato a la Presidencia de Perú con un partido liberal, pero no consiguió ganar las elecciones.

Mario Vargas Llosa ha publicado novelas, obras de teatro, poemas, ensayos, cuentos y relatos; además, ha sido profesor en numerosas universidades de diferentes países y ha dado conferencias en diversos lugares del mundo. Ha ganado muchos premios literarios, entre los cuales el Premio Nobel de Literatura el año 2010. Algunas de sus obras más destacadas son las novelas *La ciudad y los perros* (1963) y *La casa verde* (1966) y el relato *Los cachorros* (1967).

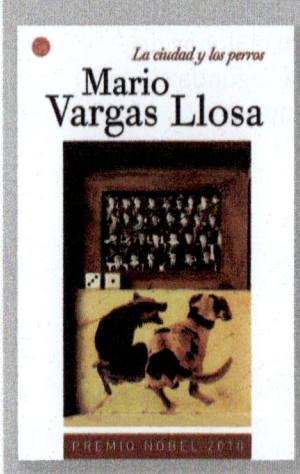

El escritor y la economía naranja

▸ Sus obras se han traducido a 46 lenguas y aparecen a menudo en las listas de libros más vendidos, tanto en España como en el resto de los países de Latinoamérica. También son muy conocidas en el extranjero, en países como el Reino Unido, EE. UU., Francia o Alemania. Así pues, su nombre es una garantía de venta para las editoriales que publican sus libros.

▸ Su asistencia a las ferias del libro de Buenos Aires, Madrid, Santo Domingo o Bogotá atrae a un gran público.

¡Qué interesante!

El escritor ha sido nombrado doctor Honoris Causa por la Universidad Ricardo Palma (Perú), la Universidad de Miami (EE. UU.), la Universidad de Friburgo (Alemania), la Universidad Internacional Menéndez Pelayo (España) y la Universidad de Salamanca (España).

A. Lee el título del apartado. ¿Sabes qué es la economía naranja? Busca información en internet si es necesario.

B. ¿Conoces a Mario Vargas Llosa? ¿Y a Frida Kahlo? ¿Qué sabes de ellos? Coméntalo con un/a compañero/a.

C. Lee las biografías de esos dos artistas y, para cada uno de ellos, anota en tu cuaderno los siguientes datos.
- Año y lugar de nacimiento
- Lugares de residencia durante la infancia
- Lugares de residencia en la edad adulta
- Principales obras

Frida Kahlo (Ciudad de México, 1907-1954) fue una conocida pintora mexicana, hija de un fotógrafo alemán que le transmitió el gusto por el arte.

La vida de Frida Kahlo estuvo marcada por sus problemas de salud. A los seis años, tuvo una poliomielitis: pasó nueve meses en cama y se quedó con una pierna mucho más delgada que la otra. A los 18 años, sufrió un accidente muy grave cuando iba en autobús, que tuvo consecuencias durante el resto de su vida: tuvo que operarse 35 veces y nunca pudo tener hijos (tuvo varios abortos). Después de ese accidente, empezó a pintar e hizo su primer autorretrato.

Sus ideas políticas y su gran interés por el arte popular mexicano la unieron al famoso pintor muralista Diego Rivera. Cuando Rivera la conoció, quedó impresionado por su talento y por su particular belleza. Se casaron en 1929. Fue un matrimonio marcado por las infidelidades de Rivera (que tuvo una relación con una de las hermanas de Frida) y los abortos. En sus cuadros, Frida refleja su dolor.

En el año 1930, Frida se fue a California, un lugar en el que ya era famosa. Poco después, se le unió Diego Rivera y los dos pasaron cuatros años en EE. UU.

En 1933, volvieron a México y se divorciaron, aunque se casaron otra vez al año siguiente. A partir de ese momento, tuvieron una relación abierta. A pesar de las infidelidades de ambos, la pareja permaneció unida. Pero la salud de Frida empeoró con los años y terminó en una silla de ruedas. Finalmente, murió a la edad de 47 años.

En su obra, Frida mostró los sucesos de su vida y los sentimientos que le producían. Algunos de sus cuadros más conocidos son *El autobús* (1929), *Las dos Fridas* (1939), *La columna rota* (1944), *Diego y Frida* (1944) y *El venado herido* (1946).

La columna rota (1944)

La pintora y la economía naranja

▶ La obra *Dos desnudos en el bosque* se vendió en 2016 por más de 8 millones de dólares en una subasta de la casa Christie's de Nueva York. Eso convierte a Frida Kahlo en la artista más cotizada de América Latina.
▶ Sus obras se pueden admirar en muchos lugares: en la Ciudad de México, en el Museo Frida Kahlo (La Casa Azul), en el Museo de Arte Moderno o en el Museo Dolores Olmedo; en Estados Unidos, en el Museo de Arte Moderno de Nueva York, y en el Museo Nacional de las Mujeres en las Artes, en Washington.

Dos desnudos en el bosque (1939)

¡Qué interesante!

A Frida Kahlo le gustaba mucho la cerveza, especialmente la de la marca Bohemia. En el año 2011 la Cervecería Cuauhtémoc Moctezuma lanzó una edición especial de la cerveza Bohemia con una imagen de la artista mexicana, que se ha vendido con mucho éxito tanto en México como en EE. UU.

D. Lee los cuadros blancos sobre los artistas y la economía naranja. Después, en grupos de tres personas, responded a las siguientes preguntas.
• ¿Qué efectos tienen los productos de estos artistas en la economía naranja?
• ¿Qué artistas de tu país conoces y qué efectos tienen sus productos en la economía naranja?

E. Presenta en clase a otra persona conocida de un país hispanohablante: habla de su biografía, de sus principales logros y de su aporte a la economía naranja. Puedes elegir una de estas personas u otra.

| Pablo Picasso | Lionel Messi | Penélope Cruz | Celia Cruz | Isabel Allende | Guillermo del Toro |

CULTURA

7. HISTORIA DE LA INDEPENDENCIA DE LOS PAÍSES HISPANOAMERICANOS

La independencia de los países latinoamericanos tuvo lugar en un contexto histórico marcado por las ideas ilustradas y se vio influenciada por acontecimientos como la Revolución Francesa (1789) o la independencia de Estados Unidos (1776). Los criollos, descendientes de europeos o de africanos nacidos en las antiguas colonias europeas en América, deseaban tener el control político y económico sobre sus países. Por una parte, no querían continuar enviando tributos a España y, por otra, vieron que el ejemplo de la independencia de Estados Unidos podía también tener éxito en Latinoamérica. La debilidad de España debida a su guerra de la Independencia contra Francia (1808-1814) jugó en su favor.

La independencia de estos países tuvo muchas consecuencias, entre ellas, la instauración de repúblicas, el aumento de poder político y económico de los criollos, la libertad económica (que favoreció a la aristocracia americana) y una clara dependencia económica con respecto a Inglaterra (principal potencia económica del siglo XIX). Sin embargo, la independencia política no supuso la reducción de las desigualdades sociales y económicas en las antiguas colonias.

Color azul: independencia temprana (1800-1820)
Color verde: segunda "oleada" de independencias (1821-1829)
Color amarillo: independencias de la segunda mitad del siglo XIX

La independencia de los diferentes países de Hispanoamérica tuvo lugar entre los años 1808 y 1899. Cuba fue el último país que se independizó.

CULTURA

Simón Bolívar y José San Martín
Fueron dos de los líderes de la independencia de algunos países latinoamericanos. Bolívar fue un militar venezolano y político que tuvo un papel destacado en las independencias de Colombia, Bolivia, Ecuador, Venezuela, Panamá y Perú. San Martín fue un general argentino, clave en las independencias de Argentina, Chile y Perú.

Simón Bolívar

José San Martín

¡Qué interesante!
La independencia de Cuba, en 1898, produjo una cierta crisis de identidad en España, que tuvo reflejo en la llamada Generación del 98.

A. Antes de leer el texto, comenta con un/a compañero/a las respuestas a las siguientes preguntas.
- ¿Cuándo nació tu país tal como es en la actualidad? ¿Tuvo que pasar por un proceso de independencia?
- ¿Qué sabes de la independencia de los países latinoamericanos?

• La Alemania actual nació en...

B. Ahora lee el texto y completa la siguiente tabla sobre la independencia de los países hispanohablantes.

Otros acontecimientos históricos de la época	Período	Dos líderes	Consecuencias

setenta y nueve 79

CULTURA

8. GRANDES PERSONALIDADES DE LA ECONOMÍA DE LOS PAÍSES HISPANOHABLANTES

Nadia Calviño (La Coruña, 1968) es economista y política. Estudió Ciencias Económicas en la Universidad Complutense de Madrid (donde después fue profesora) y Derecho en la UNED. Trabajó durante 10 años como Directora General de la Comisión Nacional de Competencia y, durante 12 años (entre los años 2006 y 2018), fue funcionaria de la Comisión Europea. Durante sus últimos cuatros años en esta institución europea, fue Directora General de Presupuestos de la Comisión Europea, donde administró más de un billón de euros de presupuesto y tuvo a 480 funcionarios bajo su responsabilidad.
En junio de 2018 el Presidente de España Pedro Sánchez la nombró ministra de Economía y Empresa.
Nadia Calviño tiene fama de ser una gran negociadora y una persona muy trabajadora y brillante. Tiene cuatro hijos, habla cuatro lenguas (español, inglés, francés y alemán) y toca muy bien el piano. En su tiempo de ocio disfruta de las películas de los años 80 y de la cocina.

Marcos Galperín (Buenos Aires, 1971) es un hombre de negocios argentino, Director Ejecutivo de Mercado Libre, una empresa argentina cuyos usuarios pueden vender o comprar productos a precios fijos o variables, y que está presente en 17 países latinoamericanos, donde compite con eBay o Amazon.
Galperín estudió Finanzas en la Universidad de Pensilvania y un Máster en Dirección y Administración de Empresas en la Universidad de Standford. Fundó la empresa Mercado Libre cuando estaba terminando sus estudios de Máster.
En un número de la revista *Forbes* del año 2018 aparecía como uno de los hombres más ricos de Argentina, con un patrimonio de 1 360 000 000 millones de dólares estadounidenses.
Marcos Galperín tiene tres hijos y vive en Uruguay. No le gusta llamar demasiado la atención, pero los que lo conocen dicen que es serio, cordial y brillante. Este ejecutivo opina que uno de los secretos de su éxito es rodearse de un buen equipo de trabajo.

A. ¿Conoces a alguna gran personalidad del mundo hispanohablante del campo de la economía? ¿Qué sabes de su perfil, de su biografía o de su trayectoria laboral? Coméntalo con un/a compañero/a.

- Yo conozco a Amancio Ortega, un español que creó el Grupo Inditex.
- Pues yo conozco a...

B. Lee los textos y haz una línea del tiempo para reflejar la trayectoria profesional de Nadia Calviño y la de Marcos Galperín. Busca en internet los datos que te falten para hacerlo.

C. Busca en internet dos datos más sobre la trayectoria profesional de Nadia Calviño y Marcos Galperín, y compártela con tus compañeros/as.

D. En clase, presenta a una persona de tu país del campo de la economía (también puede ser alguien del mundo del turismo, la ingeniería o la política). Al final, votad para decidir cuál ha sido la mejor presentación.

9. ALGUNOS APUNTES SOBRE HECHOS CULTURALES, HÁBITOS Y COSTUMBRES DE LOS PAÍSES HISPANOHABLANTES

Los apellidos en los países hispanohablantes

Dos apellidos
En España y en algunos países de Latinoamérica, las personas tienen dos apellidos: normalmente, el primero es el primer apellido del padre y el segundo, el primero de la madre (las mujeres cuando se casan no cambian de apellido). Esa es la tradición, aunque desde el año 2000, en España, la ley permite también que el apellido de la madre sea el primero y el del padre, el segundo.
En los documentos oficiales (pasaporte o documento nacional de identidad) aparecen los dos apellidos, pero en la práctica, para identificarse, normalmente se usa solo el primero. Sin embargo, si el primer apellido es muy común, es normal que se conozcan los dos, como es el caso de Pablo Ruiz Picasso (conocido como Pablo Picasso), Federico García Lorca o Gabriel García Márquez.

Federico García Lorca
Pablo Ruiz Picasso 
Gabriel García Márquez 

Apellidos típicos
Los apellidos más frecuentes en España son *García*, *González* y *Fernández*.
La terminación *-ez* en los apellidos significa "hijo de", es decir que *Fernández* significaría "el hijo de Fernando".
Algunos apellidos, como *Asturias* o *De la Torre*, vienen de nombres de lugares. Otros, como *Alcalde* o *Panadero*, son nombres de profesiones. Otros, como *Calvo* o *Cortés*, indican características personales.

¡Qué interesante!
- En España unos 3 millones de personas tienen el apellido *García*.
- En México, el apellido más frecuente es *Hernández*: casi 3,5 millones de personas lo tienen.

A. En vuestro país, ¿cuántos apellidos tienen las personas? ¿Qué pasa con el apellido de una persona cuando se casa?

• En mi país las personas tienen solo un apellido.

B. Ahora lee el texto y contesta a las siguientes preguntas.
1. Ana es hija de Jacinto Rodríguez Puertas y de María Sanz Planes. ¿Cuáles son probablemente sus apellidos?
2. ¿En qué casos se usa más el segundo apellido?
3. Según tú, ¿cuáles son las ventajas y los inconvenientes de tener dos apellidos, uno del padre y otro de la madre?

C. Clasifica los siguientes apellidos.

| Zapatero | Campo | Valle | Delgado | Casas | Sastre | Panadero | Blanco | Castillo | Moreno |

1. Lugares: ....
2. Profesiones: ....
3. Características personales: ....

CULTURA

Los horarios en España

Jornada laboral
En la empresa privada española, el horario habitual de muchos trabajadores era de 9 h de la mañana a 19 h u 20 h de la tarde, con dos o tres horas para comer. Sin embargo, cada vez más empresas tienen un descanso más corto al mediodía que permite a los trabajadores salir a las 18 h. Se intenta así conciliar la vida laboral y la familiar, y armonizar los horarios españoles con los de las otras empresas europeas.
Los funcionarios de la Administración pública trabajan normalmente de las 8 h o las 9 h de la mañana a las 15 h o las 16 h de la tarde.

Horarios de las tiendas
La mayoría de las tiendas de barrio abren de las 9:30 h o 10:00 h de la mañana a las 15 h y, por la tarde, de las 17 h a las 20 h o 21 h. Los sábados, algunas tiendas no abren por la tarde. Los supermercados, grandes almacenes y centros comerciales suelen abrir desde la mañana hasta la noche sin interrupción.
La mayoría de los bancos e instituciones públicas tienen un horario intensivo, que va de las 9 h de la mañana a las 14 h.

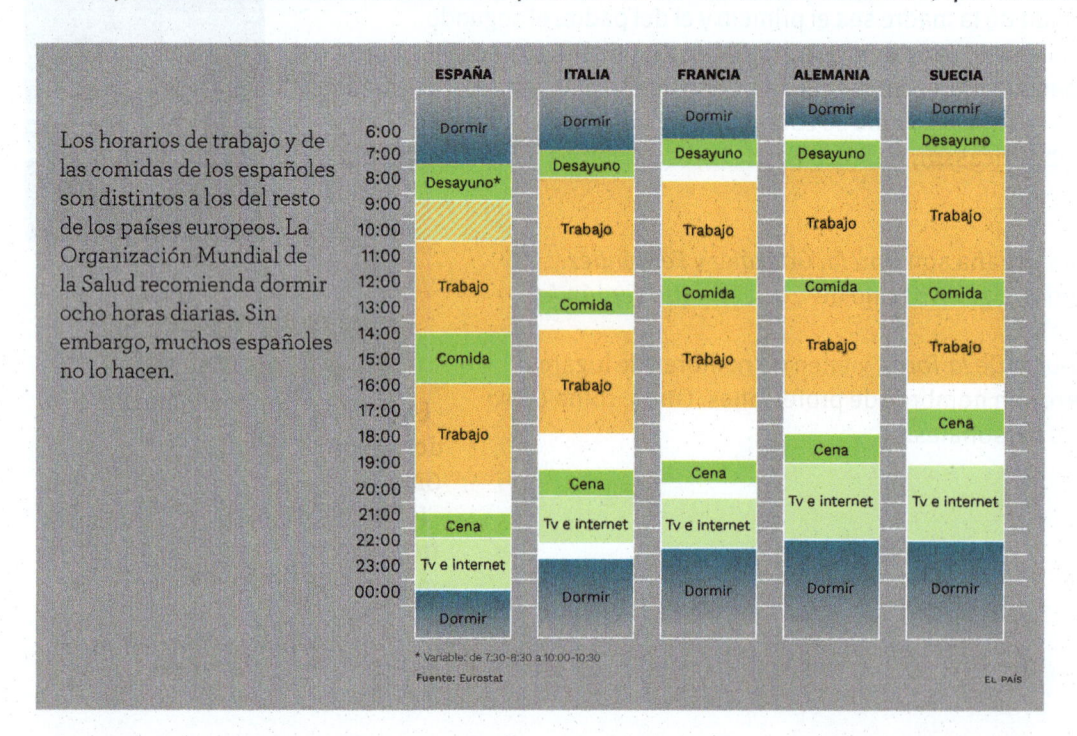

Los horarios de trabajo y de las comidas de los españoles son distintos a los del resto de los países europeos. La Organización Mundial de la Salud recomienda dormir ocho horas diarias. Sin embargo, muchos españoles no lo hacen.

*Variable: de 7:30-8:30 a 10:00-10:30
Fuente: Eurostat
EL PAÍS

¡Qué interesante!
En la década de los 40, el Gobierno de Franco adelantó una hora el horario español. Desde ese momento, España tiene un huso horario que no le corresponde: tiene la hora europea de París y Berlín, y no la de Londres (que es la que le correspondería geográficamente). En los últimos años La Asociación para la Racionalización de los Horarios Españoles está luchando para que España adopte horarios próximos a los europeos.

A. Antes de leer el texto, habla con un/a compañero/a y responde a las siguientes preguntas sobre los horarios de tu país.
- ¿A qué hora se desayuna, se come y se cena normalmente?
- ¿Cuáles son los horarios de trabajo habituales en la empresa privada? ¿Y en la Administración pública?
- ¿Qué horarios tienen los establecimientos comerciales?

• En Alemania normalmente los días de diario se desayuna a las 6:30 o a las 7:00 de la mañana...

B. Ahora lee el texto y mira el gráfico. Después, marca si las siguientes frases son verdaderas (V) o falsas (F).
1. Los horarios de trabajo, de comidas y de ocio de los españoles son diferentes a los del resto de los países europeos.
2. De media, los españoles duermen una hora más al día que el resto de los europeos.
3. En las empresas españolas es común hacer una pausa de dos o tres horas para comer.
4. En los últimos años hay cada vez más empresas que optan por favorecer la conciliación entre vida laboral y familiar.
5. En España, los centros comerciales y los grandes almacenes normalmente cierran al mediodía.
6. En España, si quieres hacer una gestión en un banco, tienes que ir por la mañana.

82 ochenta y dos

Los bares, las tapas y los aperitivos en España

El aperitivo
En España es habitual salir con los amigos o la familia a "tomar algo" a un bar. El bar no es solo un lugar para comer o beber, sino que es un punto de encuentro donde se convive.
Los domingos y días de fiesta, mucha gente va a un bar a "tomar un aperitivo" antes de comer o antes de cenar. Algunas personas toman el aperitivo también entre semana.

Las tapas, los pinchos y las raciones
Las tapas son pequeñas raciones de comida que acompañan una bebida y que se comparten en grupo. Normalmente, cuando la gente dice que "sale de tapas", quiere decir que va a varios bares y en cada uno pide bebidas y alguna tapa.
En algunas ciudades las tapas son gratis (vienen con la bebida), pero en la mayoría hay que pagarlas. En muchos lugares de España, una persona del grupo paga la consumición de todos en un bar; en el siguiente bar, paga otra persona. A eso se le llama "pagar una ronda".

Algunas tapas típicas

Patatas bravas
Boquerones fritos 
Gambas al ajillo 
Pincho de tortilla 
Calamares a la romana 
Pimientos del padrón 
Jamón ibérico 
Pulpo a la gallega 

¡Qué interesante!
España es el país con más bares del mundo: un bar por cada 175 personas.

A. Antes de leer el texto, comenta con un/a compañero/a las respuestas a estas preguntas sobre los hábitos en tu país.
- ¿Hay muchos bares? ¿Cuándo se va al bar y qué se suele tomar?
- ¿Se comparten los platos? ¿Cuáles?
- Cuando se sale a tomar algo, ¿es habitual ir a varios establecimientos o es más frecuente quedarse solo en uno?

• En mi país mucha gente va a un bar a tomar algo después del trabajo...

B. Lee el texto y anota en tu cuaderno qué cosas son similares en tu país (costumbres, platos, etc.) y cuáles son muy distintas. Después, coméntalo con varios compañeros/as.

C. ¿Has probado alguna vez las tapas de las imágenes? ¿Te gustan? ¿Cuáles te gustaría probar? Coméntalo con tus compañeros/as.

Algunos platos de distintos países hispanohablantes

GAZPACHO

Es una sopa fría que se prepara con hortalizas crudas trituradas. El gazpacho se toma en muchas regiones españolas, especialmente en las que hace más calor en verano.
Ingredientes: tomate, pepino, pimiento, cebolla, ajo, pan, aceite de oliva, vinagre y sal.

ARROZ CONGRÍ

Es un plato típico cubano, que lleva arroz y frijoles negros. Este plato tiene su equivalente en otros países: por ejemplo, en Costa Rica (donde se le llama *gallopinto*) o en Puerto Rico (donde se le llama *arroz con gandules*). A menudo se come con *ropa vieja*, un plato de carne desmechada.
Ingredientes: frijoles negros, arroz blanco, ají, ajo, cebolla, orégano, comino, laurel.

CEVICHE

Es un plato representativo de la gastronomía peruana, aunque se come también en otros países de América Latina. Se prepara con pescado fresco y crudo, y se sirve frío. Tiene muchas variantes, pero para su elaboración es muy importante el zumo de limón.
Ingredientes: pescado crudo, cebolla picada, zumo de limón, sal y ají.

QUESADILLAS

Es un plato mexicano elaborado con tortillas (de maíz o de trigo) rellenas de queso o de otros ingredientes. El queso que se usa más en el centro de México es el oaxaca. Existe una gran variedad de quesadillas según la región.
Ingredientes: tomate, aguacate, cebolla, cilantro, sal, limón, pimienta negra, queso oaxaca y tortillas.

¡Qué interesante!

La paella es un plato típico español, originario de Valencia. La "auténtica" paella valenciana lleva los siguientes ingredientes: arroz, pollo, conejo, judía verde plana, garrofón (un tipo de legumbre), tomate y azafrán. También puede llevar caracoles o romero.

A. Antes de leer el texto, mira las imágenes. ¿Conoces esos platos? ¿Los has probado? ¿Sabes qué llevan? Coméntalo con un/a compañero/a.

B. Lee los textos y completa la tabla.

	Ingredientes	País/región	Otra información interesante
gazpacho			
arroz congrí			
ceviche			
quesadillas			

C. ¿Conoces otros platos típicos de España o de América Latina? Escribe un texto sobre algún plato siguiendo el modelo de los de arriba y preséntalo a tus compañeros/as.

D. ¿Cuáles son los platos típicos de tu país? ¿Cuáles te gustan más? ¿Cuáles consumes más a menudo? Coméntalo con un/a compañero/a.

DIPLOMA DE ESPAÑOL COMO LENGUA EXTRANJERA

Indicaciones sobre los exámenes DELE
En la página web del Instituto Cervantes http://diplomas.cervantes.es/ encontrará toda la información relativa al Examen DELE Nivel A1: inscripciones, fechas de las convocatorias, formato de las pruebas, modelos de examen, precios y hojas de inscripción, etc., así como información sobre el resto de los niveles.

Hoja de respuesta
En el examen del DELE usted tendrá una **Hoja de respuestas** para anotar sus opciones para la prueba de Comprensión de lectura y para la prueba de Comprensión auditiva y para hacer las tareas de la prueba de Expresión e interacción escritas.

Estructura y contenido del examen DELE Nivel A1

PRUEBA N.º 1 COMPRENSIÓN DE LECTURA (25 preguntas, 45 minutos)
- **TAREA 1:** **Cinco** ítems de selección múltiple, con cuatro opciones de respuesta.
- **TAREA 2:** **Seis** ítems para relacionar con enunciados muy breves.
- **TAREA 3:** **Seis** ítems para relacionar con declaraciones de personas.
- **TAREA 4:** **Ocho** frases para completar con información del texto de entrada.

PRUEBA N.º 2 COMPRENSIÓN AUDITIVA (25 preguntas, 20 minutos)
- **TAREA 1:** **Cinco** diálogos breves con cuatro opciones de respuesta (imágenes).
- **TAREA 2:** **Cinco** mensajes para relacionar con imágenes.
- **TAREA 3:** **Ocho** enunciados para relacionar datos concretos del texto de entrada.
- **TAREA 4:** **Siete** frases para completar con información del texto de entrada.

PRUEBA N.º 3 EXPRESIÓN E INTERACCIÓN ESCRITAS (25 minutos)
- **TAREA 1:** **Completar un formulario**, con campos de respuesta breve.
- **TAREA 2:** **Redactar un texto** (postal, correo electrónico, mensaje, carta breve, anuncio o nota informativa) de 20 a 30 palabras.

PRUEBA N.º 4 EXPRESIÓN E INTERACCIÓN ORALES (15 minutos*)
- **TAREA 1:** **Presentación personal**, monólogo breve (1-2 minutos).
- **TAREA 2:** **Exposición de un tema** (2-3 minutos).
- **TAREA 3:** **Conversación con el entrevistador** (3-4 minutos).
- **TAREA 4:** **Diálogos basados en láminas** (2-3 minutos).

*Para las tareas 1 y 2, usted dispone de 15 minutos de preparación.

Examen DELE Nivel A1

PRUEBA N.º 1: COMPRENSIÓN DE LECTURA

Tarea 1
Instrucciones
Lea este correo electrónico. A continuación, responda a cinco preguntas sobre el texto. Elija la respuesta correcta (a, b, c o d). Marque las opciones elegidas en la **Hoja de respuestas**.

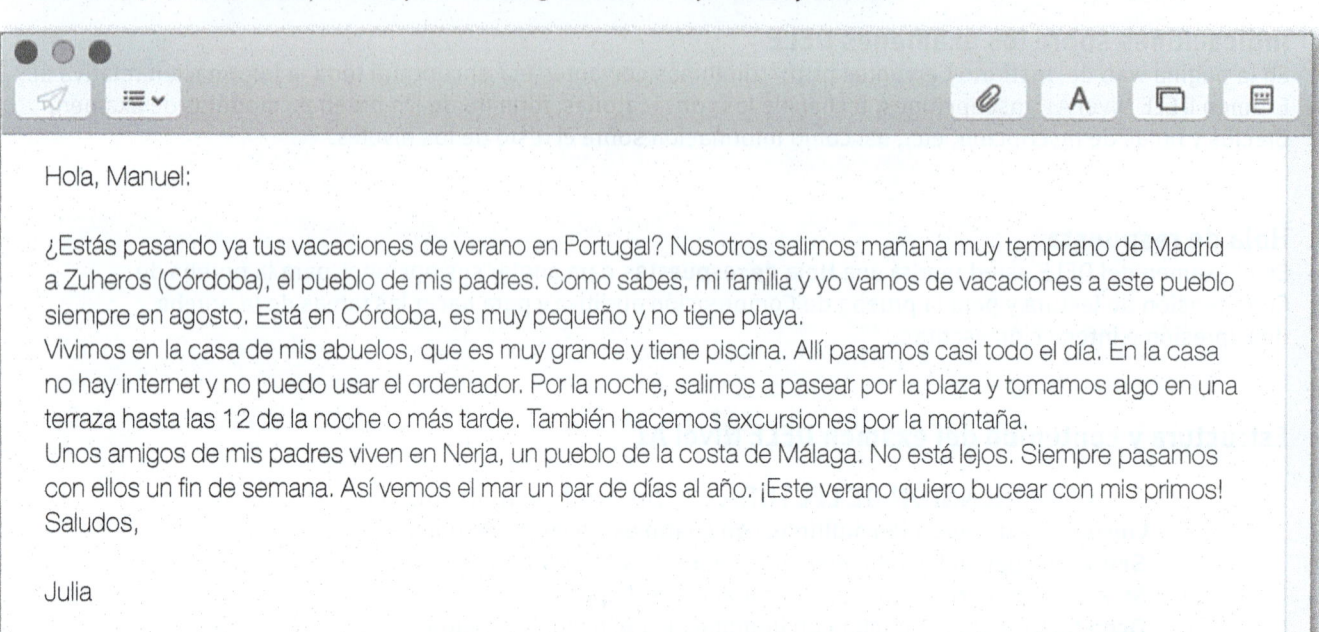

Hola, Manuel:

¿Estás pasando ya tus vacaciones de verano en Portugal? Nosotros salimos mañana muy temprano de Madrid a Zuheros (Córdoba), el pueblo de mis padres. Como sabes, mi familia y yo vamos de vacaciones a este pueblo siempre en agosto. Está en Córdoba, es muy pequeño y no tiene playa.
Vivimos en la casa de mis abuelos, que es muy grande y tiene piscina. Allí pasamos casi todo el día. En la casa no hay internet y no puedo usar el ordenador. Por la noche, salimos a pasear por la plaza y tomamos algo en una terraza hasta las 12 de la noche o más tarde. También hacemos excursiones por la montaña.
Unos amigos de mis padres viven en Nerja, un pueblo de la costa de Málaga. No está lejos. Siempre pasamos con ellos un fin de semana. Así vemos el mar un par de días al año. ¡Este verano quiero bucear con mis primos!
Saludos,

Julia

---

1. Julia escribe un correo sobre…
a) su trabajo.
b) sus planes de vacaciones.
c) su viaje a Portugal.
d) sus compañeros de clase.

2. El pueblo de los padres de Julia…
a) es grande.
b) está en la playa.
c) tiene una plaza.
d) está en Portugal.

3. Julia en agosto…
a) va a la montaña.
b) va todos los días a la playa.
c) trabaja con el ordenador.
d) navega por internet.

4. Los amigos de los padres de Julia viven en…
a) Madrid.
b) Zuheros.
c) Nerja.
d) Portugal.

5. Julia en la costa quiere…

86 ochenta y seis

Examen DELE Nivel A1

Tarea 2
Instrucciones

Lea estas notas. Relacione cada nota con la frase correspondiente. Hay **tres** notas que no debe seleccionar. Marque las opciones elegidas en la **Hoja de respuestas**.

Ejemplo 0
Ir al centro comercial.

La opción correcta es la **D**. Márquela en la **Hoja de respuestas**.

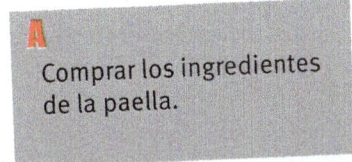

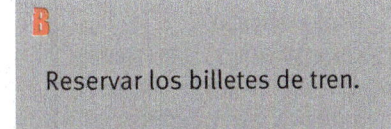

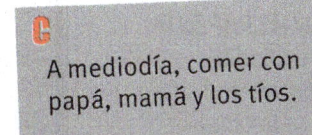

A Comprar los ingredientes de la paella.

B Reservar los billetes de tren.

C A mediodía, comer con papá, mamá y los tíos.

D Comprar el regalo de cumpleaños de Antonia.

E Esta tarde: hacer la inscripción para la universidad.

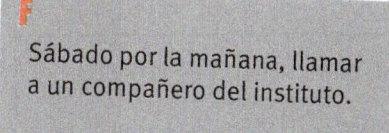

F Sábado por la mañana, llamar a un compañero del instituto.

G Cena con nuestros mejores vecinos.

H Jueves por la mañana, ir al gimnasio.

I Viernes después del trabajo ver la exposición de fotos.

J ¡Comienza el verano! Mañana empiezo a las 8 h. ¡Voy a dormir una hora menos!

6	Comida familiar.
7	Informar a otro estudiante de la fecha de un examen.
8	Ir a la tienda de alimentación.
9	Nuevo horario.
10	Hacer deporte.
11	Preparar el viaje a Madrid.

PRUEBA N.º 1: COMPRENSIÓN DE LECTURA

Examen DELE Nivel A1

Tarea 3
Instrucciones

Lea estos anuncios de ofertas de empleo y de cursos de formación. Relacione cada texto con el número correspondiente. Hay **tres** anuncios que no debe seleccionar. Marque las opciones elegidas en la **Hoja de respuestas**.

Ejemplo 0: Me gustan los deportes, sobre todo, los deportes de invierno.
La opción correcta es la **E**. Márquela en la **Hoja de respuestas**.

A
Clínica de Rehabilitación de Valencia busca FISIOTERAPEUTA. Imprescindible experiencia en pediatría y neurología.
Tel. 96 254 75 62

B
CURSO DE MARKETING DIGITAL ONLINE
Plazas limitadas.
Reserva tu plaza pagando el 30 % del precio.
Intensivo en verano, de junio a agosto.
Más información en www.marketingonline.es

C
Descubre todos los cursos gratis online (idiomas, técnica, cultura, economía, etc.).
¡Entra en mooc.es y regístrate a partir del 1 de octubre!

D
Empresa de automóviles busca REPRESENTANTES con experiencia, para las zonas de Canarias y Andalucía. Enviar currículum vítae con foto. Se precisa vehículo particular y dominio del alemán.
Fax: 957 43 55 29

E
SIERRA NEVADA DEPORTES
ofrece cursos de esquí.
¿Te gusta esquiar? Esta es tu oportunidad.
• Grupos por niveles.
• Solo los fines de semana.
• Inscripciones en el Hotel Central (preguntar por Claudio).

F
La cadena de hoteles NH necesita camareros/as y cocineros/as para evento internacional en Viena. Presentarse el jueves por la mañana en la recepción del hotel del distrito 22. No es necesario tener experiencia en el sector.

G
Urgente
Somos una asociación de familias. Necesitamos jóvenes para cuidar a niños de 2 a 8 años (solo los fines de semana, 9 €/hora).
Contacto: 664 64 9 902

H
Banco de Barcelona ofrece **PRÁCTICAS PARA ESTUDIANTES**.
Se requiere formación en las áreas de contabilidad y economía.
Jornada completa.
Conocimientos medios de inglés.
Tel. 93 43 99 43.

I
Empresa multinacional busca INFORMÁTICO/A.
Edad entre 22 y 29.
Amplios conocimientos informáticos a nivel profesional (Bases de Datos, Excel, Access, Word...).
Contactar antes del jueves en: onliplus@univ-inf.es

J
COLEGIO BILINGÜE ESPAÑOL-ALEMÁN
Necesita profesores/as de especialidades técnicas (física, electricidad, informática y geometría).
Se requiere el dominio del español y del alemán.
Incorporación inmediata. Interesados/as enviar CV a CLEA@tele.net.

12	Somos profesores y hablamos español y alemán. Él es físico y yo, informático.
13	Soy diplomado en Turismo y necesito este verano formación en Marketing.
14	Soy estudiante y busco un empleo por horas. Me encantan los niños.
15	Trabajo en Barcelona en la empresa SEAT, pero no me importa vivir en otro lugar. Tengo coche y hablo alemán.
16	Soy estudiante de Economía y busco una empresa para hacer unas prácticas. Hablo inglés.
17	Soy comercial y después del verano necesito aprender más, pero no tengo tiempo de ir a clase.

Examen DELE Nivel A1

Tarea 4
Instrucciones
Lea estas descripciones sobre diferentes aplicaciones (*apps*) para teléfonos inteligentes y complete las oraciones que aparecen a continuación. Escriba las palabras en la **Hoja de respuestas**.

Ejemplo 0
Para saber cuánto cuesta la gasolina, hay que usar la aplicación **BestePrecio**.

Nombre de la aplicación	Para qué sirve	Características más importantes	Precio	Otras informaciones
Buscagatos	**Controlar** a tu gato cuando sale de casa.	Necesita una pila (collar del gato).	Acceso gratuito.	Muy buena valoración (4,9).
DormirAvisor	**Buscar** alojamiento y hacer reservas.	Conexión directa con *apps* de aeropuertos y estaciones.	Tres meses de prueba gratis.	Ventajas para clientes habituales.
MensajeroYa	**Contactar** con un servicio de mensajeros de la ciudad.	No solo transporta pequeños paquetes. También comida, regalos, etc.	Gratis solo para servicios en la ciudad.	Toda la región.
TiempodeOcio	**Conocer** las ofertas de ocio y tiempo libre de la ciudad.	Hace un plan para el fin de semana con poco dinero.	Solo versión *premium* (20 €/año).	Se puede elegir el idioma: español, inglés, alemán y francés.
EventoExprés	**Organizar** un evento para la familia.	Ofrece también personal especializado.	Según el servicio.	Acceso las 24 horas y los 365 días del año.
BestePrecio	**Comparar** el precio de las gasolineras.	Tiene un blog de comentarios muy interesante.	No cuesta nada.	Puedes recibir un mensaje con el mejor precio.

18. Para conocer los espectáculos (cine, teatro), hay que usar la aplicación ....

19. Las *apps* (aplicaciones) completamente gratuitas son .... y ....

20. Los clientes están muy contentos de la *app* ....

21. Puedes encargar una pizza con la *app* ....

22. Para organizar una fiesta un domingo por la noche, necesito la *app* ....

23. Se puede reservar una habitación en un hotel con la *app* ....

24. Salir por la ciudad el fin de semana es fácil con la *app* ....

25. Puedes usar la *app* .... durante algunos meses sin pagar.

ochenta y nueve **89**

Examen DELE Nivel A1

Tarea 1
Instrucciones

A continuación, va a escuchar cinco diálogos breves entre dos personas. Oirá el diálogo dos veces. Después de la segunda audición, marque la opción correcta. Marque las opciones elegidas en la **Hoja de respuestas**.

Ejemplo 0 (Diálogo 0)
¿Qué día es el examen de Biología?

A. LUNES   B. MARTES   C. JUEVES   D. VIERNES

La opción correcta es la **B**. Márquela en la **Hoja de respuestas**.

1. ¿Cómo va al centro de la ciudad?

2. ¿Dónde trabaja?

3. ¿Qué van a hacer?

4. ¿Qué ropa necesita?

5. ¿Qué mueble necesita?

PRUEBA N.º 2: COMPRENSIÓN AUDITIVA

90 noventa

Examen DELE Nivel A1

🎧 Tarea 2
Instrucciones

A continuación, escuchará cinco mensajes muy breves. Oirá cada mensaje dos veces. Relacione los textos con las imágenes. Después de la segunda audición, marque la opción correcta en la **Hoja de respuestas**. Hay **tres** imágenes que no debe seleccionar.

Ejemplo 0 (Mensaje 0)
Bienvenidos y bienvenidas al primer día de clase de nuestro curso.
La opción correcta es la **C**. Márquela en la **Hoja de respuestas**.

Mensaje 6	
Mensaje 7	
Mensaje 8	
Mensaje 9	
Mensaje 10	

PRUEBA N.º 2: COMPRENSIÓN AUDITIVA

Examen DELE Nivel A1

PRUEBA N.º 2: COMPRENSIÓN AUDITIVA

🎧 Tarea 3
Instrucciones

Va a escuchar a varias personas hablando sobre diferentes estudios o grados universitarios que pueden elegir para estudiar. Cada audición se repite dos veces. Relacione cada estudio universitario con una letra (columna de la derecha). Hay **tres** letras que no se pueden seleccionar. Marque las opciones elegidas en la **Hoja de respuestas**.

Ejemplo 0 (Diálogo 0)
La opción correcta es la **E**. Márquela en la **Hoja de respuestas**.

0	Economía	A	La universidad no está cerca.	
11	Física	B	Para el día a día es muy útil.	
12	Psicología	C	El horario no es bueno.	
13	Historia	D	No necesita gastar tanto dinero.	
14	Arte	E	Un familiar trabaja en esa profesión.	0
15	Medicina	F	Tiene poco futuro laboral.	
16	Filosofía	G	Conoce ya algo ese tema.	
17	Informática	H	No tiene los requisitos.	
18	Música	I	Estudiar esa carrera es su sueño.	
		J	Los estudios cuestan mucho dinero.	
		K	Hay que estudiar en el extranjero.	
		L	Tiene buenos recuerdos de la escuela.	

🎧 Tarea 4
Instrucciones

Julia habla por teléfono con su amigo Manuel para preparar una fiesta. Complete el texto con la información que falta. Escuchará la audición tres veces. Escriba cada palabra en la **Hoja de respuestas**.

0. Manuel puede (*ayudar*) a Julia a preparar la fiesta.
19. Manuel está en su ....
20. Necesita preparar algunas .... para la fiesta.
21. Julia quiere invitar a Pedro, un chico muy ....
22. Por la tarde, Manuel tiene ....
23. A las .... puede hablar con Pedro.
24. Manuel no quiere invitar a nadie de su familia porque quiere estar solo con sus ....
25. Julia va a escribir un .... a su prima Isabel.

Examen DELE Nivel A1

Tarea 1

El supermercado donde usted hace normalmente la compra quiere conocer el grado de satisfacción de sus clientes y le pregunta su opinión. Complete el formulario.

SUPERMERCADOS Pronto Ahorro

Nombre y apellido: .... Nacionalidad: ....

Sexo: .... Fecha de nacimiento: ....

Estado civil: .... Domicilio: ....

C. P.: .... Profesión: ....

Idiomas: .... Provincia: ....

Estudios: .... Correo electrónico: ....

¿Por qué compra usted en nuestro supermercado?
....
....
....

¿Qué productos son los más interesantes para usted?
....
....
....

¿Compra alimentos biológicos? ¿Cuáles compra usted?
....
....
....

¿Cuándo hace usted la compra? (¿Qué día de la semana? ¿A qué hora?) ¿Por qué?
....
....
....

PRUEBA N.º 3: EXPRESIÓN E INTERACCIÓN ESCRITAS

Examen DELE Nivel A1

Tarea 2

Un/a amigo/a va a visitarle a su ciudad por primera vez y llega en tren. Escriba una breve nota. Debe incluir:

- Cómo es la ciudad.
- Qué medios de transporte puede usar en la ciudad.

Número de palabras: entre 20 y 30.

Examen DELE Nivel A1

PRUEBA N.º 4: EXPRESIÓN E INTERACCIÓN ORALES

Tarea 1
PRESENTACIÓN PERSONAL DEL CANDIDATO

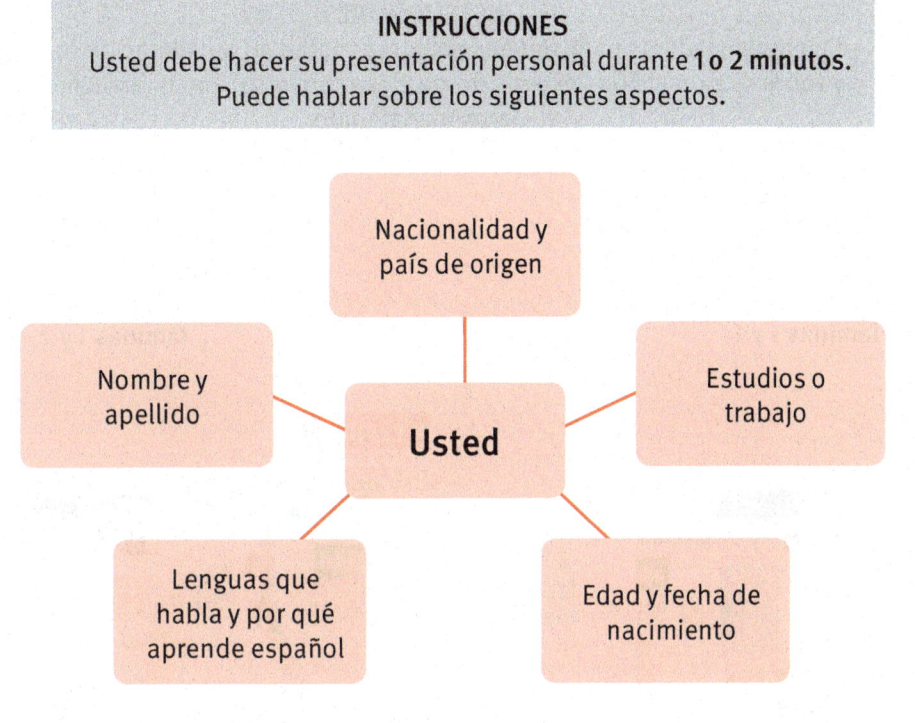

> **INSTRUCCIONES**
> Usted debe hacer su presentación personal durante **1 o 2 minutos**.
> Puede hablar sobre los siguientes aspectos.

- Nacionalidad y país de origen
- Nombre y apellido
- Estudios o trabajo
- Lenguas que habla y por qué aprende español
- Edad y fecha de nacimiento

(Usted)

Tarea 2
EXPOSICIÓN DE UN TEMA

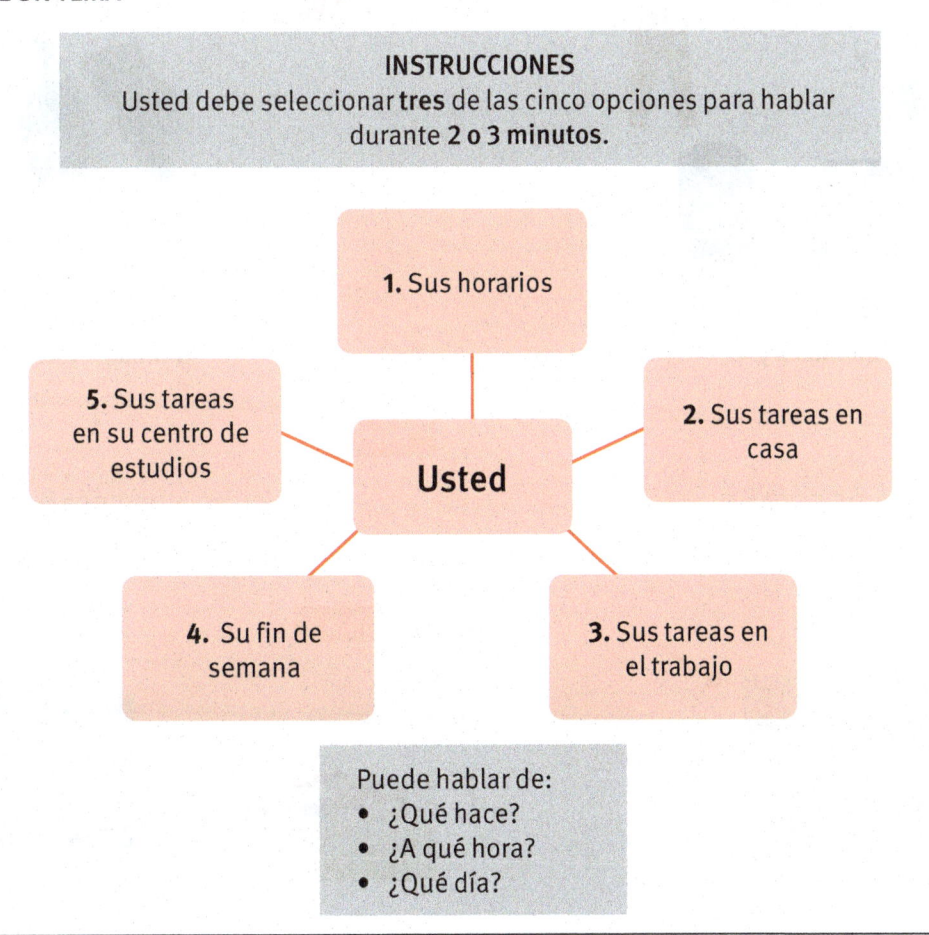

> **INSTRUCCIONES**
> Usted debe seleccionar **tres** de las cinco opciones para hablar durante **2 o 3 minutos**.

1. Sus horarios
2. Sus tareas en casa
3. Sus tareas en el trabajo
4. Su fin de semana
5. Sus tareas en su centro de estudios

(Usted)

Puede hablar de:
- ¿Qué hace?
- ¿A qué hora?
- ¿Qué día?

noventa y cinco

Examen DELE Nivel A1

Tarea 3
CONVERSACIÓN CON EL ENTREVISTADOR

> **INSTRUCCIONES**
> Su entrevistador le hará algunas preguntas sobre su presentación (tarea 1) y sobre su exposición del tema (tarea 2). La conversación durará **3 minutos** aproximadamente.

Tarea 4
DIÁLOGOS BASADOS EN LÁMINAS

| El entrevistador hace preguntas sobre las **láminas 1 y 2.** | Usted responde a partir de las **láminas 1 y 2.** |

Lámina 1

Lámina 1

Lámina 2

Lámina 2

| El entrevistador responde a partir de las **láminas 3 y 4.** | Usted hace preguntas sobre las **láminas 3 y 4.** |

Lámina 3

CURSO DE ESPAÑOL
martes a las 17:00

Lámina 3

CURSO DE ESPAÑOL
martes a las ¿ ?

Lámina 4

Lámina 4